内蒙古自治区高校人文社会科学重点研究基地

红山文化研究基地系列学术著作

辽西地区新石器时代植物考古研究

孙永刚　著

上海古籍出版社

本书的出版得到国家社会科学基金（14BKG003）与
教育部人文社会科学重点研究基地重大项目（17JJD780002）资助

序　　一

　　《辽西地区新石器时代植物考古研究》是孙永刚在博士论文基础上,补充新材料并不断完善的一部著作,付梓前邀我作序。通读书稿时,他写作的过程仍历历在目。

　　将"辽西地区新石器时代植物考古研究"选定为孙永刚的博士学位论文题目,有以下考虑。

　　其一,植物考古学是近年来兴起的交叉学科,全国各地的资料基础存在较大差异,辽西地区的植物考古工作也存在不均衡的情况。兴隆沟遗址、南湾子北遗址、敖东第二地点、魏家窝铺遗址、哈民忙哈遗址的植物浮选工作开展得比较充分,获得了一批科学系统的基础资料。与此同时,其他遗址由于发掘年代较早或缺乏技术理念支持,未开展植物浮选工作。辽西地区是一个比较独立的地理单元,田野工作基础扎实,资料丰富,是讨论中国文明起源的重要区域之一,通过植物考古学的新视角去系统梳理辽西地区考古学文化的经济形态,以及探索该地区的农业起源问题都是值得尝试的新课题。

　　其二,孙永刚在攻读硕士研究生期间就开始对植物考古学产生兴趣,我推荐他到中国社会科学院考古研究所学习,师从中国植物考古学的领军者赵志军先生。从学科理念、实验分析到学术视野,他都得到了全面的指导和培养,为博士阶段进一步开展植物考古研究奠定了良好的基础。

　　其三,孙永刚有魏家窝铺、哈民忙哈等重要遗址的植物浮选、实验室分析工作经历,曾参加植物考古学国际学术研讨会与同行进行学术交流,熟悉该领域的最新研究动态,在博士入学前已发表学术论文数篇,对学术目标有着较为清晰的规划设想。

　　该书详尽收集了辽西地区新石器时代典型遗址的植物遗存资料,全面采样并在实验室重新进行种属鉴定、分析,同时结合共出的动物骨骼、稳定同位素研究所获成果，在不同阶段考古学文化的经济形态、中国北方旱作农业的起源、先民对自然环境的应对策略等方面取得了新的认识。该书是首次系统地对辽西地区新石器时代典型遗址浮选出的植物遗存及相关考古资料的综合研究，对辽西地区新石器时代先民的生业模式得出了整体性认识。

　　该书是作者在这一地区长期田野考古实践和跨学科知识积累的一次检验，既是学术生涯的阶段性终点，又是新征程的起点。毕业后他在植物考古学领域继续精进，刻苦钻研，目前担任中国考古学会植物考古专业委员会秘书长，得到了学界的认可。考古学的神奇在于总有持续不断的考古新发现，研究也必然会随之更新，我作为作者学术成长的见证人，希望他能在植物考古学领域的研究中不断深入。

塔　拉

序　二

　　孙永刚是我的学生。虽然我们没有名分上的师生关系，但永刚一直待我以师礼，我也视永刚为弟子。我们是在 2006 年相识的，当年夏天我前往赤峰地区开展自然科学基金项目，永刚作为项目合作单位赤峰学院的青年教师参加了我们的环境与生业考察。在此次田野工作中，永刚的聪慧好学和吃苦耐劳给我留下了深刻的印象，而永刚也对植物考古研究产生了浓厚的兴趣，从此我们建立起了长达 15 年的亦师亦友的关系。后来永刚在攻读博士学位期间选择了植物考古作为主要研究方向，他的导师塔拉教授邀请我参与了对他的指导。这本书的主要内容正是永刚博士论文的一部分，于情于理我应写此序。

　　辽西地区是指内蒙古东部的赤峰和通辽，以及辽宁西部的朝阳和阜新，大体等同于自然地理的西辽河流域。在考古学研究中，辽西地区是一个独特的新石器时代文化区系。其独特性在于：一是文化序列的完整性，从新石器时代早期的小河西文化起，历经兴隆洼文化、赵宝沟文化、红山文化、小河沿文化和夏家店下层文化，数千年一脉相承；二是生态环境的多样性，在相对狭小的区域内包含了崇山峻岭（大兴安岭南缘和燕山余脉）、河谷平川（西拉木伦河和老哈河及其支流）、荒漠沙地（科尔沁沙地）、草原牧场和黄土丘陵。对于采用植物考古方法探讨当地古代生业形态发展的研究而言，辽西地区这些鲜明的特点既是机会又是挑战，永刚抓住了机会也接受了挑战，这一点从本书的内容就可以看出。

　　伴随着近年来的考古发掘，永刚带领他的学生在辽西地区开展了一系列浮选工作，浮选出土了十分丰富的植物遗存，其中有许多重大发现。本书通过对新石器时代考古遗址浮选结果的综合分析，复原了该地区不同考古学文化时期的生业方式特点，系统探索了辽西地区旱作农业的起源和早期发展。这些成果为辽西地区新石器时代考古学研究增添了新的实物资料和研究内容，同时也推动了中国北方旱作农业起源与发展的研究。

　　本书是一本植物考古学研究专著,学科特点十分突出,书中选择了一些典型考古遗址的浮选结果作为范例,例如内蒙古敖汉旗的兴隆沟遗址和敖东第二地点、翁牛特旗的南湾子北遗址、红山区的魏家窝铺遗址、科左中旗的哈民忙哈遗址等,系统地介绍了植物考古研究的思路、方法和内容。通过对这些典型遗址出土植物遗存的整理、鉴定和量化统计,对辽西地区旱作农业的起源与发展以及人地关系研究做了深层次的探讨。本书的研究资料丰富,研究方法科学,研究成果具有重要的学术价值。

　　对于永刚而言,这本书仅是个开端。辽西地区的考古学研究历史悠久,成果丰硕,不仅新石器时代,青铜时代和历史时期的考古发现也十分精彩。据我所知,永刚和他的团队在不同时期的考古遗址都曾开展过系统的植物考古工作。可以预见,我们将会看到他更多的植物考古研究专著的出版。

赵志军

序　三

　　中国的中东部地区,自南向北分布有五条大的河流,分别是珠江、长江、黄河、辽河和松花江。近百年的考古发现证实,这五条大河流域自史前时期开始就有人类居住,表明它们都是中华民族的母亲河和中华文化的发源地。

　　从已有的研究结果看,地处低纬度的珠江流域和地处高纬度的松花江流域,其史前居民的生业方式均以渔猎采集为主,长江流域和黄河流域分别以稻作农业和粟作农业为主,而地处黄河流域和松花江流域之间的辽河流域史前居民,究竟是一种什么样的生业方式,则一直说不清楚。《辽西地区新石器时代植物考古研究》一书的问世,大大推动和深化了这一问题的研究,价值重大,意义深远。

　　这是一部从诸多浮选材料出发,运用考古学和植物考古学研究方法,通过实事求是地统计分析,得出客观结论的著作。获取的植物遗存来源于兴隆沟、南湾子北、敖东、魏家窝铺、哈民忙哈等多个遗址,分属于兴隆洼、赵宝沟、红山、小河沿等多个考古学文化,代表了上迄 8500 年左右下至 4000 年前的多个时间刻度。研究材料和研究成果具有普遍意义。

　　该书从资料到内容,从方法到结论,代表了植物考古学研究的较高水平。其主要贡献是系统地揭示了辽西地区史前不同发展阶段的生业方式,深化了对辽西地区旱作农业起源的探索,也为进一步了解辽西地区史前居民如何适应自然生态环境,如何利用和改造自然环境,以及自然环境的变化又如何影响了当时人类的生活方式和文明化进程,奠定了坚实的基础。

赵宾福

目 录

第一章　绪　　论

第一节　新石器时代文化变迁

辽西地区指医巫闾山以西,北至西拉木伦河两侧,包括西拉木伦河、老哈河、大凌河、小凌河及其支流地区。地势大体为西北高,多山地;东南低,多丘陵平原。该区域主要由沙地、山地、丘陵、高山、河流等组成,既适应北方旱作农业的起源与早期发展,又是对生态环境反映比较敏感的重要区域。比较敏感是指对动植物生存产生影响的同时,对于依赖动植物资源生息繁衍的史前人类而言也具有极其特殊的意义。就一定意义而言,生态系统的敏感随着时间的波动、人群的迁徙,对新石器时代文化也产生了重要影响。

辽西地区是我国近代以来开展考古工作比较早的地区之一。20世纪初,国外的探险家与地质工作者陆续在这一地区开展考古调查与试掘工作。1906年,日本学者鸟居龙藏等在热河地区进行考古调查,但已发表的材料仅局限于地表采集物[1];1921年,瑞典地质学家安特生在中国助手的协助下,对辽宁锦西(今辽宁省葫芦岛市)沙锅屯洞穴遗址进行了考古发掘,在洞穴内清理了一批属于新石器时代红山文化、小河沿文化时期的夹砂绳纹陶和彩陶[2],辽宁锦西沙锅屯遗址的发掘,被中国考古学家认定为中国近代田野考古学的开始[3];1930年,毕业于美国哈佛大学人类学系的梁思永先生在完成黑龙江省昂昂溪史前遗址发掘后,先后对通辽、赤峰地区进行了调查,重点对赤峰市林西县锅撑子遗址进行了考古调查,并发表了调查报告[4];1935年,日本东亚考古学会对赤峰红

---

〔1〕 郭大顺:《红山文化考古记》,沈阳:辽宁人民出版社,2009年,第4页。

〔2〕 [瑞典]安特生著,袁复礼译:《中华远古之文化》,北京:文物出版社,2011年,第8、9页。

〔3〕 陈星灿:《安特生与中国史前考古学的早期研究——为纪念仰韶文化发现七十周年而作》,《华夏考古》1991年第4期,第39-50页。

〔4〕 梁思永:《热河查不干庙等处所采集之新石器时代石器与陶片》,载《梁思永考古论文集》,北京:科学出版社,1959年,第107-144页。

山后第一、二地点进行了发掘与资料整理,在考古报告中初步确认了两种考古学文化,即赤峰第一期文化和赤峰第二期文化[1]。

新中国成立后,该地区的考古工作进入了一个新的发展时期。在辽西地区考古学发展史上,具有重要里程碑意义的事件是,1954 年著名考古学家尹达先生在编写的《新石器时代》一书中,加入了赤峰红山后新石器时代遗址一章,并进一步指出,这种以细石器为特征的文化是与中原仰韶文化结合的一种文化[2]。

1960 年,中国科学院考古研究所内蒙古工作队对赤峰药王庙、夏家店等遗址进行了系统的发掘。这是第一次从考古地层学角度,区分出夏家店下层文化和夏家店上层文化两种文化性质、年代、类型不同的考古学文化遗存[3],修正了《赤峰红山后——热河省赤峰红山后先史遗迹》考古报告中,将上述两种不同时段、不同文化谱系的文化遗存混在一起的错误认识。

1962 年,中国科学院考古研究所内蒙古工作队对赤峰市巴林左旗富河沟门遗址进行了考古发掘,第一次在科尔沁沙地与西拉木伦河以北这一广阔地域,发现并命名一种新的考古学文化——富河文化[4]。

改革开放后,伴随着社会经济的快速发展,中国考古学也迎来了黄金时代。随着时间的推移,在辽西地区这片广阔的区域内,中国社会科学院考古研究所内蒙古工作队、内蒙古文物考古研究所、辽宁省文物考古研究所、吉林大学考古系、赤峰市文物工作站,以及赤峰市各旗县文物管理机构等文博单位,相继发现、发掘并进一步确认了兴隆洼文化[5]、赵宝沟文化[6]、小河沿文化[7]和小河西文化[8]等考古学文化及部分考古学文化的地方类型。

---

〔1〕 [日]滨田耕作、水野清一:《赤峰红山后——热河省赤峰红山后先史遗迹》,《东方考古学丛刊(甲种第 6 册)》,东京:东亚考古学会,1938 年,第 59 - 77 页。

〔2〕 尹达:《新石器时代》,北京:生活·读书·新知三联书店,1955 年,第 143 - 146 页。

〔3〕 中国科学院考古研究所内蒙古工作队:《内蒙古赤峰药王庙、夏家店遗址试掘简报》,《考古》1961 年第 2 期,第 77 - 81 页。

〔4〕 中国社会科学院考古研究所内蒙古工作队:《内蒙古巴林左旗富河沟门遗址发掘简报》,《考古》1964 年第 1 期,第 1 - 5 页。

〔5〕 中国社会科学院考古研究所内蒙古工作队:《内蒙古敖汉旗兴隆洼遗址发掘简报》,《考古》1985 年第 10 期,第 865 - 874 页。

〔6〕 中国社会科学院考古研究所内蒙古工作队:《内蒙古敖汉旗赵宝沟一号遗址发掘简报》,《考古》1988 年第 1 期,第 1 - 5 页。

〔7〕 辽宁省博物馆等:《辽宁敖汉旗小河沿三种原始文化的发现》,《文物》1977 年第 12 期,第 5 - 9 页;李恭笃等:《试论小河沿文化》,载中国考古学会编《中国考古学会第二次年会论文集》,北京:文物出版社,1982 年,第 56 - 61 页。

〔8〕 杨虎:《敖汉旗榆树山、西梁遗址》,载中国考古学会编《中国考古学年鉴(1989 年)》,北京:文物出版社,1990 年,第 131、132 页。

经过考古发掘、整理与研究,辽西地区新石器时代考古学文化序列自成体系,谱系相对清晰,自早及晚依次为:小河西文化(距今 9000 - 8500 年)、兴隆洼文化(距今 8200 - 7400 年)、富河文化(距今 7200 - 7000 年)、赵宝沟文化(距今 7000 - 6400 年)、红山文化(距今 6500 - 5000 年)、小河沿文化(距今 5000 - 4000 年)。

需要说明的是,距今约 12000 - 4000 年前的中国新石器时代是人类主要使用磨制石器、从事种植和养殖业的阶段。根据新石器时代考古学文化的发展及其特征,可将新石器时代分为初期、早期、中期、晚期四个阶段。初期阶段时间跨度是距今约 12000 - 9000 年,早期阶段时间跨度为距今约 9000 - 7000 年,中期阶段时间跨度为距今约 7000 - 5000 年,晚期阶段时间跨度为距今 5000 - 4000 年[1]。辽西地区新石器时代的考古学资料显示,目前,在辽西地区还未发现新石器时代初期阶段的考古学文化。但从该地区新石器时代考古学文化的序列与谱系来分析,同时结合周邻地区新石器时代初期阶段的文化特征来看,这一地区应该有新石器时代初期的文化遗存。所以本书所要论述的辽西地区考古学文化分期,从新石器时代早期开始。

前文已提及,辽西地区无论是地质构造还是生态环境、植被特点等都是相对敏感的重要区域。所以,相关学者对这一地区新石器时代不同考古学文化经济类型、生业方式等问题的研究也逐渐展开,并在农业起源、农作物驯化、动物驯养、农业传播、畜牧业起源等取得了阶段性研究成果。

一、新石器时代早期

小河西文化阶段。著名考古学家,小河西文化、兴隆洼文化的发现者、命名者杨虎先生根据小河西文化与兴隆洼文化的器物特点和建筑形式进行了系统的比较分析,认为两种考古学文化在存在差异性之余,也具有一定的相似性。"这种相似性应当是二者处于同一个大历史发展阶段,经济特点相同的反映"[2]。索秀芬先生根据小河西遗址器物群的组合关系与功能特点,认为"小河西文化的器物群是一整套农业生产工具,经济类型以农业为主。而居住面西北部发现

〔1〕 张宏彦:《关于中国新石器时代考古分期问题》,载文化遗产研究与保护技术教育部重点实验室、西北大学文化遗产与考古学研究中心编《西部考古》第四辑,西安:三秦出版社,2009 年,第 71 - 78 页。
〔2〕 杨虎:《敖汉旗榆树山、西梁遗址》,载中国考古学会编《中国考古学年鉴(1989 年)》,北京:文物出版社,1990 年,第 131、132 页。

的大批炭化山杏核,表明采集业也是重要经济成分"[1]。刘莉、陈星灿、刘国祥等对内蒙古敖汉旗西梁遗址出土的小河西文化的1件石磨盘和1件石磨棒进行了残留物和微痕分析,发现二者主要用来碾磨块根植物,包括山药、栝楼根和百合;并进一步指出,小河西文化先民虽然已居住在较大型的定居村落,但其经济形态明显继承了旧石器晚期的采集狩猎传统,块根可能是其主要的植物食物来源,但粟、黍和小麦族的种子也是食谱中的一部分。粟、黍是否处于驯化前栽培阶段,或已经具有驯化形态,有待于更多大植物遗存的发现和分析[2]。

兴隆洼文化阶段。冈村秀典曾对辽西地区新石器时代不同文化阶段的生业特点进行分析,认为兴隆洼文化时期的先民先后采取了多样的生业策略,包括在森林中完成狩猎、采集坚果,在河流中进行渔捞,其有效的生产能力足以支持当时众多人口的需要[3]。著名考古学家严文明先生根据研究认为"兴隆洼文化已经存在相对发达的农业"[4]。杨虎先生也认为"兴隆洼文化应该属于一种从事定居的农耕生活,同时兼营渔猎社会经济类型"[5]。

随着浮选法在植物考古学中的开展和运用,生业经济的研究呈现出新的研究态势。伴随着中国社会科学院考古研究所2001-2003年对内蒙古赤峰市敖汉旗兴隆洼镇兴隆沟遗址的考古发掘,植物考古学家赵志军先生分别在第一、二、三地点进行了系统的植物遗存提取与样品浮选,通过大量土样的精细化浮选,获取了丰富的炭化植物遗存。在兴隆沟遗址第一地点(兴隆洼文化中期阶段)出土的炭化黍粒,从形状特征来看,呈现出浓厚的野生祖本特性,具体表现为炭化黍粒形状较长,尺寸偏小。赵志军先生在多篇文章中,根据兴隆洼文化时期生态环境、植被特点与农作物驯化特性,指出这一时期处于"似农非农"的社会经济发展阶段[6]。刘莉等根据对敖汉旗西梁遗址磨盘磨棒残留物的分析,

[1] 索秀芬、李少兵:《小河西文化聚落形态》,《内蒙古文物考古》2008年第1期,第55-60页。

[2] 刘莉、陈星灿、刘国祥:《小河西文化生计形态管窥——内蒙古敖汉旗西梁遗址出土磨盘磨棒的残留物和微痕分析》,载中国社会科学院考古研究所编著《新世纪的中国考古学(续)——王仲殊先生九十华诞纪念论文集》,北京:科学出版社,2015年,第56-65页。

[3] [日]冈村秀典:《辽河流域新石器文化的居住形态》,载辽宁省文物考古研究所、中国考古学研究会编《东北亚考古学研究——中日合作研究报告书》,北京:文物出版社,1997年,第188页。

[4] 严文明:《东北亚农业的发生与传播》,载《农业发生与文明起源》,北京:科学出版社,2000年,第36页。

[5] 杨虎:《试论兴隆洼文化及相关问题》,载《中国考古学研究》编委会编《中国考古学研究——夏鼐先生考古五十年纪念论文集》,北京:文物出版社,1986年,第71-81页。

[6] 赵志军:《从兴隆沟遗址浮选结果谈中国北方旱作农业起源问题》,载南京师范大学文博系编《东亚古物(A卷)》,北京:文物出版社,2004年,第187-199页。

在探讨小河西文化生业方式的同时,也进一步指出,根据兴隆沟遗址出土粟、黍的分析,兴隆洼时期的粟、黍已具有驯化种的早期形态[1]。兴隆洼和兴隆沟遗址人骨稳定碳同位素分析结果显示当时的人类通常以采集而来的 C_3 型植物为主要食物来源[2]。相对温湿的气候条件促进了新石器时代早期农业的发展,促使人类定居于该地区。

二、新石器时代中期

富河文化阶段。关于富河文化时期生业方式的认识,主要有两种观点,一是,"从富河遗址出土的动植物遗存所反映的自然环境看,富河文化的先民所处的环境不同于现代的沙漠草原地区,而应是山地森林地区。他们有着可定居的村落,有掘土工具、磨碎谷物的石器工具,可见农业占有一定比重;此外,大量的野生动物遗存和渔猎工具,也表明渔猎经济在其经济生活中的重要地位"[3];栾丰实先生通过对比同一时期的富河文化、大地湾文化、磁山文化、红山文化和新乐下层文化的陶器,并结合遗址出土的石器组合,认为"富河文化的生业形态,是一种以采集、狩猎和捕鱼为主的经济类型。至于农业,似乎还没有发生。但因为富河文化自身经过了一个相当漫长的发展过程,将来随着材料的增多,如能完成分期与类型的研究,也不排除其在晚期阶段和接近红山文化等农业文化的地区发生农业的可能性"[4]。

赵宝沟文化阶段。从时间、地域和所反映的文化面貌来分析,赵宝沟文化应该是继承了辽西地区前一阶段兴隆洼文化主体因素而发展起来的考古学文化。赵宝沟文化时期的生业方式,一直为学界所广泛关注。刘晋祥与董新林二位先生根据赵宝沟遗址出土的工具组合,认为赵宝沟文化的生业形态主要以耜耕农业为主,同时在一定程度上保留有刀耕火种的农业形式,而狩猎和采集经济仍然是其重要的补充形式[5]。中国社会科学院考古研究所内蒙古工作队的刘国祥先生根据多年在赤峰地区开展新石器时代考古遗址调查与发掘的认识,认为"从遗址出土的相关遗存看,赵宝沟文化的经济形态具有多样性的特征,可细分

〔1〕 刘莉、陈星灿、刘国祥:《小河西文化生计形态管窥——内蒙古敖汉旗西梁遗址出土磨盘磨棒的残留物和微痕分析》,载中国社会科学院考古研究所编《新世纪的中国考古学(续)——王仲殊先生九十华诞纪念论文集》,北京:科学出版社,2015 年,第 56-65 页。
〔2〕 张雪莲等:《古人类食物结构研究》,《考古》2003 年第 2 期,第 62-75 页。
〔3〕 徐光冀:《富河文化的发现与研究》,载中国社会科学院考古研究所编《新中国的考古发现和研究》,北京:文物出版社,1984 年,第 179 页。
〔4〕 栾丰实:《试论富河文化的社会经济形态》,《史前研究》1984 年第 4 期,第 25-28 页。
〔5〕 刘晋祥、董新林:《浅论赵宝沟文化的农业经济》,《考古》1996 年第 2 期,第 61-65 页。

为狩猎、采集、捕捞、农业经济等。……如果仅凭工具分类便得出已经进入相当发达的耜耕农业阶段,这种结论未免过于简单,并且也不一定符合客观实际",并进一步指出"赵宝沟文化的经济结构,狩猎经济应居于主导地位,采集、捕捞经济作为补充,农业经济应该还处于相当原始的阶段"〔1〕。同时,赵宝沟文化时期的赵宝沟遗址出土了鹿、鸟、熊、獾等动物骨头〔2〕。狩猎工具和野生动物骨骼证明狩猎活动在人类生产活动中占有较大比重。关于赵宝沟文化时期生业方式问题,学界大多认同刘国祥先生的观点,即这一阶段农作物种植已经确立,只是由于传统的采集渔猎经济系统并没有因为农业的发生而受到根本的冲击和影响,农业经济的比重在当时还不是很大,社会经济的主体因素依然是采集和渔猎。

红山文化阶段。对于红山文化时期的经济形态问题的讨论,绝大多数学者不存在分歧,基本认同"红山文化时期的农业生产规模已经发展到了相当高的水平……特别是在红山文化的分布区域内还发现了大型的祭祀性建筑遗址群。这些现象的出现,也从一个侧面反映出上述地区当时应该有了比较发达的农业经济"〔3〕,同时,"从出土的石质工具来看,大型起土工具石耜、用作谷物收割的桂叶形或长方形穿孔石刀、加工谷物的石磨盘、石磨棒等比较常见,从耕种、收割到加工等不同环节都有相应的工具,这从侧面反映出当时的农业已脱离了'刀耕火种'的低级阶段,逐渐走向系统化、程序化的道路"〔4〕。

同时,从第四纪环境信息来看,前人研究表明红山文化繁盛于相对暖湿的气候时期。然而,当时的季风却弱于新石器时代早期,甚至偶有沙漠出现和扩张。但是,新石器时代中期气候相对稳定,可能使红山文化在较低的生产水平上维持了较长的时间。虽然气候条件并非特别湿润,不适宜大规模农业生产,但古人类可以同时依靠多种生业模式生存。近年来,随着科技手段在考古学研究中的运用,红山文化时期稳定同位素、植物遗存、动物考古等研究成果推进了对生业方式的认知。在内蒙古赤峰市敖汉旗草帽山和兴隆沟遗址的人骨稳定碳同位素分

---

〔1〕 刘国祥:《关于赵宝沟文化的几个问题》,载《东北文物考古论集》,北京:科学出版社,2004年,第75-86页;刘国祥:《赵宝沟文化经济形态及相关问题探讨》,载《东北文物考古论集》,北京:科学出版社,2004年,第87-96页。

〔2〕 宋蓉、陈全家:《赤峰地区汉代以前动物遗存初探》,《内蒙古文物考古》2004年第2期,第85-101页。

〔3〕 赵宾福:《东北石器时代考古》,长春:吉林大学出版社,2003年,第436页。

〔4〕 刘国祥:《论红山文化建筑与手工业技术进步》,载《东北文物考古论集》,北京:科学出版社,2004年,第144页。

析结果表明,古人类以粟作农业和 C_3 植物为生[1]。植物浮选结果表明,红山文化时期西辽河地区主要作物是粟和黍[2]。粟作农业可能已经成为当时最重要的生业模式,并可能极大地促进了红山文化的繁荣。大量的鱼骨和贝壳制品的发现表明渔业仍是当时生业模式的重要补充。红山文化和白音长汗遗址发现的大量鹿骨表明狩猎也是重要的生业模式,零星分布的家犬骨骼也显示了家畜饲养业的存在[3]。以捕鱼和狩猎为主导的混合生业模式可能减缓了人类发展的步伐。因此,红山文化大规模遗址的大量发现可能并不是其高度发展的标志,而是长期发展的结果。因此,后续研究需要进一步将红山文化划分成更细的阶段以分析当时人类活动与气候变化的关系。

三、新石器时代晚期

小河沿文化阶段。由于小河沿文化的遗存面貌既表现出向青铜时代早期过渡的特征,又保留着较多红山文化的因素,因此学术界多称之为"后红山文化"。由于小河沿文化的聚落材料相对较少,关于其经济形态的探讨,学术界的论述相对较少。郭大顺和马沙先生通过对小河沿文化石器的归纳,认为"其经济生活为农牧结合兼营狩猎"[4]。而小河沿文化阶段,用土、石、骨和贝壳等不同材料制作的工艺品表明当时同时存在包括农业、狩猎和渔业在内的多种生业模式,克什克腾旗石棚山墓地出土的陶器上刻划出了鹿和鸟形象的图案,或可暗示新石器时代晚期的人类生活于高海拔地区,可能主要以狩猎和采集为生,不再依赖农业。此外,石棚山和大南沟墓出土了大量的桦树皮,而桦树通常生长在山区相对潮湿的环境中,桦树皮的出土可能指示当时的人类生活在山地边缘区。

同时,近年来,科技考古研究成果也推进了对生业方式的认识,刘晓迪先生通过对河北姜家梁遗址出土人骨的稳定同位素分析,发现粟、黍等 C_4 类食物在小河沿文化先民食物结构中居于主导地位,对动物资源的摄入不高,并对小河沿文化与红山文化时期的食物结构进行了比较,发现小河沿文化(姜家梁遗址)农

〔1〕 Liu X Y, John M K, Zhao Z J, Liu G X, Connell T C O (2012). "The Earliest Evidence of Millet as a Staple Crop: New Light on Neolithic Foodways in North China". *American Journal of Physical Anthropology*, 149(2): 283-90.
〔2〕 孙永刚、赵志军:《魏家窝铺红山文化遗址出土植物遗存综合研究》,《农业考古》2013年第3期,第1-5页。
〔3〕 宋蓉、陈全家:《赤峰地区汉代以前动物遗存初探》,《内蒙古文物考古》2004年第2期,第85-101页。
〔4〕 郭大顺、马沙:《以辽河流域为中心的新石器文化》,《考古学报》1985年第4期,第423页。

业经济并未表现出衰退的迹象,反而很可能较红山文化时期更为发达[1]。这可能与小河沿文化晚期分布在燕山以南地域有一定关系。

通过对辽西地区新石器时代早、中、晚阶段的小河西文化、兴隆洼文化、富河文化、赵宝沟文化、红山文化和小河沿文化阶段生业方式的研究与探讨,推进了对辽西地区农作物驯化,旱作农业起源、发展与传播,动物驯养,畜牧业起源等的认识。但从整个体系来看,辽西地区新石器时代不同考古学文化经济形态特征与发展规律的研究,还呈现碎片化的特点,即没有系统的总结与整体研究,原因是多方面的,主要还是因为在以往的发掘与研究过程中,缺少有效的科学技术手段与多学科合作。

21世纪以来,随着植物考古学学科体系的构建、理论与方法的完善,植物考古学研究快速发展,关于辽西地区与农业相关的考古遗存逐渐增多,尤其是辽西地区新石器时代重要的考古遗址(兴隆沟第一、二地点,南湾子北,敖东第二地点,魏家窝铺,哈民忙哈等),先后获得了大量的炭化植物遗存。通过对上述遗址出土植物遗存进行的植物种属鉴定与科学化分析,为深入研究这一地区旱作农业的起源、发展与传播,不同时间段文化变迁与生业方式的选择等提供了大量科学丰富的实物遗存。同时,伴随着理论和方法的深化与多学科技术手段的介入,必将推进辽西地区旱作农业起源、发展与传播,生态环境对农业的影响与制约,农作物在时间与空间的分布、品种的变化以及与其他动植物资源的比重关系等诸多课题的展开。

第二节　地域背景与研究资料

一、地域背景

（一）辽西地区的宏观地貌

辽西地区的东部、西部和南部的西端,群山环绕,地势较高,一般海拔500米以上,为中低山丘陵地形;北部为海拔200-300米岗丘地形的松辽分水岭;中部是著名的辽河大平原;南部即渤海。

东部山势较缓,林木茂盛,植被好,河流发育,多溪流,属于剥蚀侵蚀中低山

---

〔1〕 刘晓迪:《同位素视野下燕山南北地区先秦时期若干重要时段的农业经济——以姜家梁、水泉、大山前遗址为例》,中国科学院大学硕士学位论文,2016年。

丘陵区。

七老图山、医巫闾山、努鲁尔虎山和松岭等,是位于辽西地区西部的南段山脉,属燕山山脉东段或其东部的延长部分,一般高程500－1500米,相对比高150－1000米,属中低山丘陵地貌。在上述区域内,河流切割较强烈,地形比较零散,山坡有的较陡,在其山坡下由于受风力作用和风化作用,常存在较厚的第四纪风积和残积物,在赤峰一带还有大片玄武岩和风成黄土台地分布,有利于开展农业种植。

西部靠北端的大兴安岭山脉,是东北地区的西部屏障,也是辽西地区的西部屏障,山脉起伏连绵,高程变化在1000－2000米之间,相对比高600－1000米〔1〕。其地貌类型属中低山丘陵地貌,主要以中山为主,兴安岭东坡和南坡一带,地势较低缓,构成了一些低山丘陵或丘陵地带,河网沟壑发育较好,可开展农业、渔猎等。

南部的辽河平原地势低平,地域广阔,河流众多,沉积堆积物较深厚,一般第四纪松散岩层厚度达数十甚至百余米,最厚处西辽河开鲁一带达208米。其中辽河流域高程变化的特点是自北向南、自四周向中间倾斜降低。辽河以西辽河回河口的福德店为界,分为上、下辽河冲积平原,其中上、下辽河冲积平原是沿着辽河及其支流的冲积洪积阶地所形成的平原,土地肥沃、人烟稠密,也是辽西地区的重要农作物区〔2〕。

区域内的西辽河平原在靠近大兴安岭山前一带,分布有冲、洪积和风积黄土等构成的波状倾斜平原,平原的倾斜坡度约1%,其上冲沟发育,地形切割剧烈,形成岗垄状土梁和坳沟〔3〕,有的局部地区沼湖洼地分布。据文献记载,近代以来,这一地区还可以大规模开展狩猎、捕鱼等活动。

辽西地区的河流主要有西拉木伦河、老哈河、西辽河干流、教来河、大小凌河等。

西拉木伦河是西辽河的主要支流之一。西拉木伦河系蒙古语,因河水浑浊色黄而得名。秦汉时期称为饶乐水,三国、两晋时期称作乐水,南北朝时期称弱落水,隋唐时期称弱水、潢水,辽时称潢河,元时称失列门林,至清代,汉字书写上有西拉木伦、锡剌木伦等。发源于赤峰市克什克腾旗的西南部,流域形状为上游宽阔、下游狭窄,呈现为羽状水系型。其中最大支流为查干木伦河。另外还有少

〔1〕　松辽水利委员会:《中国江河防洪丛书·辽河卷》,北京:中国水利水电出版社,1997年。
〔2〕　松辽水利委员会:《中国江河防洪丛书·辽河卷》,北京:中国水利水电出版社,1997年。
〔3〕　松辽水利委员会:《中国江河防洪丛书·辽河卷》,北京:中国水利水电出版社,1997年。

冷河、嘎斯台河、古力古台河、苇塘河、巴尔太河、碧流河、白岔河等[1]。

老哈河是西辽河的另一主要支流。秦至西晋时期称为乌候秦水，南北朝时称为土河，隋唐时期称为托纥臣水、土虎真水，辽时称土河，元时称涂河，明时称老哈母林，清朝时称老哈河，沿用至今。老哈河发源于河北省平泉县西北部七老图山山脉的光头山北麓柳西川，全流域共有大小河流 165 条[2]。

教来河发源于内蒙古赤峰市敖汉旗南部努鲁尔虎山金厂沟梁北大洼，流域形状属羽状水系，共有支流 13 条。其中最大支流为孟克河，位于教来河左侧，发源于赤峰市敖汉旗新地乡赖毛沟山，走向与教来河平行。流域地貌为低山黄土丘陵，植被稀疏，水土流失严重。

辽西地区地处温带季风气候区，气候特征是冬季严寒时间长，夏季炎热但历时较短，春季干燥多风沙。气温的分布平原区较高，山地丘陵区稍低，年平均气温在4－8℃之间，自南向北递减，每纬度相差 0.8℃。年内温度变化较大。春季干燥，蒸发量大，湿度小，多风沙。该地区多年平均降水量 300－950 毫米，由东南向西北递减，地区差别较大，辽西地区东部为 800 毫米，中部平原区 650－750 毫米，西部、南部山地丘陵区 400－650 毫米。区域内降水年内分配不均，冬季降水少，夏季降水多，降水年际变化也很大，年降水最大值与最小值之比可达 3 倍以上，而且有连续数年多雨或连续数年少雨交替出现的现象。例如赤峰地区，据统计，1938－1941 年和1953－1979 年共 31 年的资料，多年平均降水量为 414.1 毫米，最多的 1939 年降水量为 921.6 毫米，最少的 1968 年降水量仅为 216.1 毫米，而辽河中下游 1949－1951 年和1953 年相继出现洪水和大洪水[3]，从中可以看出年际降水量变化较大。

辽西地区各地相对湿度在 49%－72% 之间，自东向西递减。相对湿度以春季最小，夏季最大，秋季居中。年平均蒸发量为 1100－2500 毫米，其分布与相对湿度相反，由东向西递增。本区域内受季风气候影响，冬季大部分地区多西北风或北风，夏季多偏南风，西部风力较大。总体来看，辽西地区温度及气候的特点是雨热同期，即绝大部分农作物的生长期也是降雨量集中分布的时间段。这种气候是中国北方地区农作物种植相对适宜、理想的气候，同时，也应该是旱作农业在这一地区起源与发展的必要条件之一。

（二）辽西地区的植被与植物

植被：辽西地区由于从南到北随着纬度的增加和自西向东离海的远近，以

---

〔1〕 蒋德明等：《科尔沁沙地荒漠化过程与生态恢复》，北京：中国环境科学出版社，2003 年。
〔2〕 蒋德明等：《科尔沁沙地荒漠化过程与生态恢复》，北京：中国环境科学出版社，2003 年。
〔3〕 松辽水利委员会：《中国江河防洪丛书·辽河卷》，北京：中国水利水电出版社，1997 年。

及地形、土壤和人类经济活动等诸因素的影响,植被类型呈现多种多样。特别是自东至西因降水递减,植被类型在空间上的彼此更替较为明显。哲盟的东部为平原类型的草甸草原。西拉木伦河及老哈河流域的广大中部地区为杂草型干草原,由于地表风蚀、风积作用强烈,每形成以百里香为优势的小半灌木植物群落。此外紫草科的多种植物在过度放牧的草场上有时成优势。典型干草原分布于克什克腾旗西半部的蒙古高原部分。纵贯西北部的大兴安岭南段为森林草原和草甸草原,森林呈块状分布,局部地段保留着云杉林,海拔较高处还残存有兴安落叶松等寒温带性质的植物群落。从赤峰市翁牛特旗乌丹以东沿西拉木伦河及西辽河向东几乎一直到通辽市东端一线以南为狭长的坨甸地区,发育着良好的沙生植被,尤以西段更为典型,东段则因沙丘固定,并且甸子较大,已属东北平原的草甸草原类型。在本区的南部,包括赤峰西部、喀喇沁旗和宁城的大部分、敖汉旗的南部,甚至科左后旗的南部,为华北落叶阔叶林北方边缘坐落的地方。

植物:从植物分布来看,辽西地区为华北、东北、大兴安岭和蒙古等植物区系分布上的交错地段,因此在本区的植物群落中每渗杂有以上四地区的植物成分,然而各地诸植物成分的比例则有很大区别。南部地区多华北植物成分,东部地区多东北植物成分,北部地区有大兴安岭植物成分,而西部地区则以蒙古植物成分为主。许多华北植物成分的北方边界、东北植物成分的西方边界、大兴安岭植物成分的南方边界以及蒙古植物成分的东方边界都落于本区内。

(三)辽西地区的微观地貌

泥炭层是当时湖水水面稳定和滞留的标志,它的露出高度与古湖面的高度大致吻合,一般发生在湖泊边缘地区的浅水沼泽处。泥炭层的存在说明,在一段相对稳定的时期内,在潮湿的气候背景影响下,植物条件和生物产量也相对较好。本区域的气候记录由周边区域的气候变化记录获得,包括吉林省靖宇县四海龙湾的生物硅含量、柳河县哈尼泥炭的 $\delta^{13}C$ ‰和辽宁桓仁县暖和洞石笋 $\delta^{18}O$ ‰记录。科尔沁沙地的演化通过该地区 50 个沙-沙质古土壤剖面的综合分析获得。史前人类的生业模式由该区域已发表的文献中梳理。

乌兰敖都剖面 8000 - 7000 a B.P.阶段的泥炭层及土壤层发育说明,当时的降水远多于现代。热水塘剖面 7000 - 5000 a B.P.阶段发育的古土壤厚度达 180 厘米,腐殖质层约为 60 厘米。从这两处剖面可以看出,8000 - 5000 a B.P.阶段为本地区的气候温暖时期。四道杖房、半拉山和苞米营等处的剖面都存在一个 4000 - 3000 a B.P.阶段的埋藏古土壤层发育,其主要特点是腐殖质厚但含量不高,pH 值在 7 - 8 之间,CaCO₃反应无或微弱,此土壤应是半湿润暖湿带发育的草原土壤。从这几处剖面中可以看出,4000 - 3000 a B.P.阶段为本地区的暖湿气候。乌兰敖都剖面、好鲁库剖面和半拉山剖面显示在 2000 - 1000 a B.P.土壤层发育,气候相对温暖湿润。

通过对相关区域孢粉的提取和分析,可以得出与古土壤分析基本一致的结论,并与古土壤分析相互印证。从上述分析可知,全新世以来辽西地区埋藏古土壤分布大致有三个集中期:① 8000 - 5000 a B.P.;② 4000 - 3000 a B.P.;③ 2000 - 1000 a B.P.。相对而言,非古土壤期有两个时期分别是:5000 - 4000 a B.P.和 3000 - 2000 a B.P.。

从孢粉组合所得出的看法和古土壤分析基本一致,并与土壤分析基本印证,可以在全新世埋藏古土壤、农业文化高峰期与农业文化发展期的对应关系分析中得出[1]:1. 8000 - 5000 a B.P.阶段是第一期埋藏古土壤的集中发育期,该阶段气候适宜,辽西地区迎来了第一次农业文化高峰期(红山文化),属于农业文化扩展期。2. 5000 - 4000 a B.P.阶段是非古土壤期,该阶段属农业文化收缩期(小河沿文化)。

施雅风等人的研究结果表明[2]:7000 - 6000 a B.P.是全新世气候最适宜期,中纬度地区的年平均温度比现在高 3 - 4℃,降水量增加,暖温带落叶阔叶林带北推约 3 个纬度。

夏正楷等人的研究结果表明[3]:林西县西拉木伦河南岸的马家沟营子古土壤层(黑沙土)厚约 0.8 米,^{14}C 年龄为 6 380±110 a B.P.,地层孢粉相当丰富,草本占 97.5%,其中蒿属占 89.9%,唐松草占 2.5%,紫菀类占 1.5%,毛茛科占 1.5%,兰刺头属占 1%;蕨类为喜湿的中华卷柏,占 4%;木本占 0.5%,主要为松科。这些孢粉组合代表了植被比较繁盛的温干疏林草原环境,由于该阶段植被覆盖相对较好,更新世形成的科尔沁沙地在此时趋于固定,沙地面积缩小,以兴隆洼、赵宝沟和红山文化为代表的早期农业在西拉木伦河流域兴起。在白音长汗围沟兴隆洼时期的文化层(7800 a B.P.左右)中,孢粉含量较高,其中草本占 91.3%,有蒿属、菊科和藜科等;蕨类有喜湿的中华卷柏、石松等,占 7.3%;木本占 1.4%,为松属。这些孢粉组合代表了温干的疏林蒿藜草原环境。在敖汉旗小山

〔1〕 孙永刚等:《西辽河上游考古时代自然与文明关系研究》,呼和浩特:内蒙古文化出版社,2012年,第41页。
〔2〕 施雅风、孔昭宸、王苏民等:《中国全新世大暖期的气候波动与重要事件》,《中国科学(B辑)》1992年第12期,第1300-1309页。
〔3〕 夏正楷、邓辉、武弘麟:《内蒙古西拉木伦河流域考古文化演变的地貌背景分析》,《地理学报》2000年第3期,第329-336页。

遗址赵宝沟时期的文化层（7000 a B.P.左右）中，木本植物花粉明显增多，占45.5%，有松属、椴属、栎属和蔷薇科；草本占12.1%，有蒿属、藜科、禾本科和菊科等；蕨类占42.5%，有喜湿的中华卷柏、石松等。这些孢粉组合代表了比较温暖湿润的森林草原环境。

　　基于四海龙湾湖生物硅含量、哈尼泥炭沼泽 δ^{13}C ‰ 和暖和洞石笋 δ^{18}O ‰ 记录，认为新石器时代的首支考古学文化——小河西文化开始于"8.2 ka B.P. 事件"后的全新世适宜期。该时期的季风加强导致降水量增加[1]、科尔沁沙地收缩。适宜的气候条件促进了新石器时代早期文化——小河西、兴隆洼和赵宝沟文化的扩张。然而，6.4 ka B.P.前后季风减弱和降雨量减少却导致了新石器时代早期文化的逐渐消亡[2]。随后，随着气候条件逐渐好转，新石器时代中期的红山文化在西辽河地区发展起来[3]。尽管有研究认为红山文化在4.2 cal. ka B.P.消亡，并认为该文化的消亡缘于西拉木伦河侵蚀所导致的浑善达克沙地古湖的地下水位下降[4]。但4.8 ka B.P.左右，季风的再次减弱才导致了红山文化的逐渐衰落，此后的小河沿文化逐渐形成。而小河沿文化也在3.9 ka B.P.左右的季风衰弱期逐渐消亡[5]。

　　尽管不同史前文化的兴衰受气候变化影响明显，但文化内部的社会因素也不可忽略。例如，4.7 ka B.P.前后的气候恶化导致多种生业模式并存的小河沿文化衰亡，而主要以畜牧业为生的夏家店上层文化面对3 ka B.P.前后的气候恶

〔1〕　Hong Y T, Hong B, Lin Q H, Shibata Y, Hirota M, Zhu Y X, Leng X T, Wang Y, Wang H, Yi L (2005). "Inverse phase oscillations between the East Asian and Indian Ocean summer monsoons during the last 12 000 years and paleo-El Nino". *Earth and Planetary Science Letters*, 231: 337-46.

〔2〕　Hong Y T, Hong B, Lin Q H, Shibata Y, Hirota M, Zhu Y X, Leng X T, Wang Y, Wang H, Yi L (2005). "Inverse phase oscillations between the East Asian and Indian Ocean summer monsoons during the last 12 000 years and paleo-El Nino". *Earth and Planetary Science Letters*, 231: 337-46.

〔3〕　Hong Y T, Hong B, Lin Q H, Shibata Y, Hirota M, Zhu Y X, Leng X T, Wang Y, Wang H, Yi L (2005). "Inverse phase oscillations between the East Asian and Indian Ocean summer monsoons during the last 12 000 years and paleo-El Nino". *Earth and Planetary Science Letters*, 231: 337-46.

〔4〕　Yang X P, Scuderi L A, Wang X L, Scuderi L J, Zhang D G, Li H W, Forman S, Xu Q H, Wang R C, Huang W W, Yang S X (2015). "Groundwater Sapping as the Cause of Irreversible Desertification of Hunshandake Sandy Lands, Inner Mongolia, Northern China". *Proceedings of the National Academy of Sciences of the United States of America*, 112(3): 702-6.

〔5〕　Hong Y T, Hong B, Lin Q H, Shibata Y, Hirota M, Zhu Y X, Leng X T, Wang Y, Wang H, Yi L (2005). "Inverse phase oscillations between the East Asian and Indian Ocean summer monsoons during the last 12 000 years and paleo-El Nino". *Earth and Planetary Science Letters*, 231: 337-46.

化,遗址数量反而增加。相同的气候变化(如气候恶化)却导致社会演化的不同结果,这说明在研究古代人地关系方面,社会内部因素尤其是生业模式对社会演化也很重要。

二、研究资料

21世纪以来,植物考古学快速发展。已开展的工作包括对辽西地区的地形、地貌、降水、气候特点和植被、植物分布等宏观区域、微观环境的探讨,针对兴隆沟遗址第一、二地点,南湾子北兴隆洼文化晚期聚落遗址,敖东第二地点赵宝沟文化聚落遗址,魏家窝铺红山文化聚落遗址,哈民忙哈聚落遗址等先后进行的系统科学的植物遗存浮选工作,以及在植物考古学实验室完成的植物种属鉴定与进一步分析。通过量化对比与系统阐释,在对人、植物与环境三者因果关系的认知基础上,探索辽西地区旱作农业起源、发展与传播,农作物遗存与采集、狩猎、渔捞等生业方式之间的比重关系,不断推进对这一重要地区新石器时代古代文明产生、发展与整合碰撞的动因与过程的研究。

(一)兴隆沟遗址

兴隆沟遗址位于内蒙古赤峰市敖汉旗兴隆洼镇兴隆沟村西南约1千米的山坡上。遗址包括三个地点:第一地点是一处属于兴隆洼文化中期的大型聚落遗址,第二地点是一处带有长方形环壕的红山文化晚期聚落遗址,第三地点是一处带有圆形围壕的夏家店下层文化居住址[1]。2001-2003年,中国社会科学院考古研究所联合日本东奥日报社共同对兴隆沟遗址进行了发掘,中国社会科学院考古研究所赵志军先生对该遗址开展了系统的浮选,先后浮选土样达1500份,获得了一批重要的炭化植物遗存。

(二)南湾子北遗址

南湾子北遗址位于内蒙古赤峰市翁牛特旗广德公镇关东铺子村南湾子组西北1.5千米处,东南距赤峰市约70千米。遗址位于羊肠子河北岸的黄土台塬前缘缓坡上。2016年7-9月,赤峰学院历史文化学院、内蒙古文物考古研究所、翁牛特旗文物局、博物馆对遗址进行了发掘,发掘面积1500平方米。此次发掘揭露兴隆洼文化时期房址9座,兴隆洼文化时期灰坑4座。

---

〔1〕　中国社会科学院考古研究所内蒙古第一工作队:《内蒙古赤峰市兴隆沟聚落遗址2002-2003年的发掘》,《考古》2004年第7期,第3-8页。

南湾子北遗址采样方法主要是采用针对性采样法,先后采集浮选样品 50份,土量总量为 353 升,获得了包括农作物黍和大量其他植物种子。

（三）敖东第二地点

敖东第二地点位于内蒙古敖汉旗下洼镇敖东村东 1250 米的坡地上。2014年,内蒙古文物考古研究所、赤峰学院、敖汉旗博物馆三家单位组建联合考古队,对敖东第二地点进行了发掘,第二地点年代大致相当于赵宝沟文化中晚期。2014 年,第二地点发掘总面积为 1250 平方米,发掘房址 2 座,灰坑 4 座,灰沟 2条,出土陶器、石器等。陶器主要分为夹砂陶和泥质陶,器形主要为筒形罐、钵等。石器大多为磨制,主要器类有磨盘、磨棒、石耜、斧、锄等。在发掘过程中,对该遗址进行了系统的采样和浮选工作,获得了一定量的炭化植物遗存。

（四）魏家窝铺遗址

魏家窝铺遗址位于内蒙古红山区文钟镇魏家窝铺村东北部平缓台地上。2009 -2012 年,吉林大学边疆考古研究中心、考古学系与内蒙古文物考古研究所联合组成考古队对该红山文化聚落遗址进行了发掘,魏家窝铺遗址年代大致相当于红山文化早中期,遗址总面积达 90000 平方米,该遗址是目前保存最完整、规模最大的红山文化聚落遗址[1]。在连续四年度的考古发掘过程中,笔者进行了具有针对性的植物浮选,共采集浮选土样 300 余份,通过浮选发现一定量的炭化植物遗存。

（五）哈民忙哈遗址

哈民忙哈遗址位于内蒙古科左中旗舍伯吐镇东南约 20 千米处一片沙岗地的南坡上。2010 - 2013 年,内蒙古文物考古研究所和吉林大学边疆考古研究中心组成联合考古工作队对该遗址进行正式发掘[2]。发掘过程中,笔者对该遗

〔1〕　赤峰市红山区普查办:《魏家窝铺遗址》,载内蒙古自治区第三次全国文物普查领导小组办公室编《内蒙古自治区第三次全国文物普查新发现》,北京:文物出版社,2011 年,第 19 页;段天璟、成璟瑭、曹建恩:《红山文化聚落遗址研究的重要发现——2010 年赤峰魏家窝铺遗址考古发掘的收获与启示》,《吉林大学社会科学学报》2011 年第 4 期,第 18 - 21 页。
〔2〕　内蒙古文物考古研究所、科左中旗文物管理所:《内蒙古科左中旗哈民忙哈新石器时代遗址 2010 年发掘简报》,《考古》2012 年第 3 期,第 3 - 19 页;内蒙古文物考古研究所、吉林大学边疆考古研究中心:《内蒙古科左中旗哈民忙哈新石器时代遗址 2011 年的发掘》,《考古》2012 年第 7 期,第 14 - 30 页;阿如娜、吉平:《内蒙古通辽哈民遗址第三次发掘又获重要发现》,《中国文物报》2013 年 4 月 26 日,第 8 版;《"哈民史前聚落遗址"再出土 500 余件史前遗物》,《长春日报》2014 年 1 月 21 日,第 6 版。

址采集浮选土样 44 份,浮选土量总计为 369 升,通过鉴定发现大量的植物
种子。

第三节　研　究　方　法

　　植物考古学是通过对考古发现的与人类活动直接或者间接相关的植物遗存
的研究,解释古代人类文化发展史的一门学科。作为考古学分支,其研究目的在
于通过考古发掘发现、鉴定和分析植物遗存,认识人类与植物的相互关系,进而
探讨古代人类文化史,复原古代人类生活方式,解释人类文化的发展与
过程[1]。

　　在样品采集过程中,主要运用浮选法这一植物考古学的重要方法,进行典型
遗址的系统采样工作;在资料整理与分析过程中,先后采用比较法、定量分析法
和个案分析法等植物考古学研究中常见的方法。研究的基本原则是,通过获取
第一手资料,阐释辽西地区不同考古学文化时间段的宏观与微观生态环境对生
业方式的影响,并充分利用古代文献中关于中国农史及农业耕作技术的资料与
相关学者的最新研究成果。

一、土样采集与浮选法的使用

　　从典型遗址中采集属于植物大遗存的样品方式,一般而言,主要有两种方
式:一种是在发掘过程中采集可以肉眼辨识的颗粒较大的植物遗存;另一种方
式是采用科学手段与方法采集土样,并使用相应浮选设备,通过水的浮力等作用
原理,来最大限度地科学获取植物遗存。

　　植物遗骸的发现和获取通常采用“浮选法”。浮选通常由发掘人员在田野
发掘过程中完成。浮选法的原理较为简单:炭化后的物质在干燥的情况下通常
要比一般的土壤颗粒轻,而且密度小于水,因此将遗址中采集的土样放入水中便
可以使炭化的植物遗骸与土壤分离,并浮出水面进行提取[2]。从理论上讲,如
果对遗址进行全面系统的浮选工作,最好是将整个遗址的文化堆积全部进行浮
选,但由于时间和经费的限制,在实际考古发掘中不可能达到,所以只能在发掘
中有选择地提取部分文化层的土壤进行浮选。一般来讲主要有三种方法:剖面

---

〔1〕　赵志军:《植物考古学的田野工作方法——浮选法》,载《植物考古学:理论、方法和实践》,北
　　　京:科学出版社,2010 年。

〔2〕　赵志军:《植物考古学的田野工作方法——浮选法》,载《植物考古学:理论、方法和实践》,北
　　　京:科学出版社,2010 年。

采样法、针对性采样法和网格式采样法[1]。

剖面采样法指从自然裸露或揭露的遗址剖面上提取土样,这种采样方法主要用于对某个遗址进行小规模试掘或者进行区域性调查。在对辽西地区的区域性调查中,针对小河西文化、兴隆洼文化、赵宝沟文化、红山文化、小河沿文化时期不同海拔高度与不同地理位置的重点遗址即采用这种方法完成土样提取工作。

针对性采样法是指针对性地从发掘的遗址中选择不同埋藏背景下的地层进行采样,这是目前植物考古学研究最常用的采样方法。兴隆沟遗址第二地点、南湾子北、敖东第二地点、魏家窝铺、哈民忙哈等遗址发掘过程中,我们使用针对性采样法对房址、窖穴、灰坑、环壕以及部分器物内容物进行采样。

网格式采样法是指人为划定一个范围并建立网格单元,系统地采集堆积的土样进行浮选,主要适合大遗迹的重点采样。兴隆沟遗址第一地点在发掘过程中采用网格式采样法采集土样,采样方法详见第二章(兴隆沟遗址第一地点浮选植物种子)。

浮选需要的设备。对兴隆沟遗址第一、二地点,南湾子北,敖东第二地点,魏家窝铺和哈民忙哈等遗址及通过对野外区域性田野调查采集的土样进行浮选,均选用水波浮选仪。水波浮选仪是一种较为复杂的浮选设备,其原型由加拿大植物考古学家克劳福特(Gary Crawford)设计,根据实际操作中的体会,赵志军先生又对其做了一些改进[2]。水波浮选仪由水箱、粗筛、细筛、细筛托和支架五个部分组成。

水波浮选仪的具体操作方法主要分为浮选设备注水与土样计量、撒入土壤、收集样品、清洗仪器四个步骤。

（一）设备注水与土样计量

首先封住水箱底部排水孔,打开水源,让水流通过进水管注入水箱。在这个过程中,将样品装入标有刻度的水桶中,称量土样的体积,并做好记录工作。

（二）撒入土壤

待水箱灌满水并从水箱前方的溢水槽中排出,继续保持水箱内水流畅通。

---

〔1〕　赵志军:《植物考古学的田野工作方法——浮选法》,载《植物考古学:理论、方法和实践》,北京:科学出版社,2010年。

〔2〕　赵志军:《植物考古学的田野工作方法——浮选法》,载《植物考古学:理论、方法和实践》,北京:科学出版社,2010年,第29-44页。

由于水箱内喷头产生的压力,在水箱上方的水面上会形成两朵由喷头形成的水波,水波的大小与注入水压力大小有关。这时,将称量完毕的土样均匀地撒入水箱内,在撒的过程中,要注意抖动以使其均匀。浮选土样中比重略小于水的部分(主要是炭化植物遗骸)通过水波的助力浮出水面,并随水流沿着凹口流入溢水槽,通过溢水槽落入细筛中。在土样撒入水箱过程中,要注意细筛所获取炭化物的变化。当溢水槽不再有肉眼可辨识的炭化物浮出时,可关闭进水管,打开水箱底部的排水孔将水排入水池中,最后取下筛托上的细筛。

(三)收集样品

收入细筛中的部分也被称作轻浮部分,主要由炭化植物遗骸组成,这也是我们所需要的浮选结果。在处理这部分样品时要注意,这些炭化样品的物理特性很脆弱,所以要尽量避免手指的挤压、揉搓、甚至接触。将细筛放入装有水的盆中,漂洗筛子,用喷头冲刷筛网,目的是冲尽轻浮中的黏土,纯化轻浮样品,避免样品黏结。之后将筛网中的轻浮样品通过辅助性喷头倾倒入事先准备好的纱布中。接着用写好的标签带将样品扎牢封口,在进入实验室之前,封口不作处理。轻浮的部分用标签标注并登记后悬挂于通风阴凉处阴干。

在浮选过程中,比重大于水的部分会落入水箱内的粗筛中,收入粗筛的部分称为重浮部分。主要包括许多使用常规发掘方法很难获得的细小物质遗存,如鱼类、鸟类、啮齿类等小型动物骨骼,石器加工过程中产生的石屑或石叶,某些装饰品的细小零部件,碎陶片及其他细小的物品等。重浮样品也要像轻浮样品的处理方式一样封口、标注标签,并选择在阴凉处风干。

(四)清洗仪器

在整个一份样品浮选过程结束后要清洗细筛和粗筛及整个浮选仪。之后再封住排水孔,打开进水管进行下一份样品的浮选工作。

二、实验室数据处理

浮选工作多在考古发掘现场进行,但阴干后的浮选所获样品需要在植物考古实验室内进行系统分类、种属鉴定与分析。实验室内的操作规程主要包括对浮选结果的信息填写、浮选结果筛分、称重鉴定、统计入表、拍照测量和量化分析等。

(一)信息填写

一般情况下考古发掘者在送交样品时会提供一份记录样品背景与年代等相

关信息的登记簿与相关表格。

实验室表单信息中包含了遗址信息、年代、炭化木屑重量、炭化种子分类记录等多方面信息。在填写的过程中会遇到标签与浮选信息表不符的现象,此时应以标签所记的信息为准。

（二）浮选结果筛分

由于浮选出土的各种炭化植物遗骸的体积大小不一,例如,炭化块茎残块和硬果壳核的个体相对较大,而大多数植物种子尤其是草本植物的种子个体较小,如果将这些大小不等的植物遗骸同时放在显微镜下观察和鉴定,就需要不断地调整焦距,既影响工作效率,又容易导致视觉疲劳,出现误差。所以在对浮选出的植物遗骸进行鉴定与分析之前,需先将样品通过不同规格的分样筛统一过筛。筛子的选择视具体情况而定。一般而言,植物考古学实验室的筛子孔径共分四种：2 毫米、1 毫米、0.7 毫米和 0.5 毫米。在分样之前,先将四种分样筛按着由大至小的顺序与一个筛底托盘套装在一起,然后将浮选标本放入顶部的分样筛内,轻轻摇动,使浮选样品通过筛网落入不同的分样筛中。

一般情况下,2 毫米的分样筛主要筛出木炭、硬果壳核、大种子、现代草根、树叶、鱼骨、动物碎骨、块茎等,其中的大种子可能会有大豆、粟、黍的结块等;1毫米的筛子主要筛出木炭、种子、果核及相对较小的其他植物遗骸等;0.7 毫米的筛子主要筛出小于 1 毫米的炭屑、个体较小的粟、黍和一些杂草种子,一般而言,小于 1 毫米的木炭不作为统计分析的重要依据;0.5 毫米的筛子主要筛出藜科、豆科、苋科等通常被认为是杂草类的植物遗骸,筛出物主要以黏土居多,虽然也有细小的植物种子,但鉴定比较困难,而且与人类关系也不密切,往往不做鉴定。

（三）称重鉴定

植物鉴定的主要方法是用实验室收藏的现代植物种子标本与出土植物遗骸进行比对,同时遗址中出土的已经确认种属的植物种子样品以及正式出版的植物种子图录也可以作为植物种子鉴定的重要参照标本。由于植物界中的种子植物的种属十分庞杂,不同植物种类的种子形态特征差别并不显著,这就要求鉴定者掌握一些植物学的基础知识以及拥有长期的工作经验。

我们所获取的浮选结果包括：木炭、植物种子、果核等（北方地区目前还没有发现块茎类植物遗骸）。木炭的特征比较明显,有纵向的筛管可以分辨,但如果进一步进行种属鉴定,则需要专门技术人员,我们只是暂时收集称重,留待专门从事木炭研究的人员进行分析处理。

在挑选大于 2 毫米的样品时,主要用肉眼或者在显微镜下观察,用镊子将木炭、块茎与植物种子等挑选出来。木炭拣出等待称重,果核、块茎进行鉴定与分类。

在挑选大于 1 毫米的植物遗存时,首先挑选出木炭,将大于 1 毫米的木炭与大于 2 毫米的木炭一起称重、记录。进行木炭称重、记录之后,挑选出样品中的块茎、果核与植物种子等进行分类放置。

挑选小于 1 毫米但大于 0.7 毫米的样品时,显微镜倍数调高。因为在这部分样品中主要包括木炭碎屑和植物种子。小于 1 毫米的木炭不在研究之列,选出后保存。将植物种子分类放置在一起。

挑选小于 0.7 毫米但大于 0.5 毫米的样品时,视样品大小而调高显微镜倍数。主要挑选植物种子,以及部分植物种子的小穗轴等。因为小穗轴是研究农作物驯化与收割方式的重要材料。

（四）统计入表

鉴定植物种属后,需要对分类放置的每一类植物种子进行统计,并计入表格。在填写过程中应尽可能将鉴定过程中的全部信息予以录入,以便于下一步的分析与探讨。

（五）拍照测量

样品统计完毕,要对硬果壳核和各种植物种子的样品进行拍照留存。拍照首先要选取待拍照的标本,基本原则是全面、完整并具有代表性。拍摄过程中要对标本的长、宽、厚进行测量。对于重要的植物样品还要对胚的长宽进行详细测量,比如,目前野大豆和栽培大豆的区别主要依靠尺寸的大小来分析。

（六）量化分析

大多数考古遗址出土的植物遗存应与人类日常生活、生产活动有关,属于文化遗物。但是,应用浮选法获得的植物遗存在绝对数量的统计以及相互之间的对比过程中存在着误差,这些误差是植物遗骸在堆积、埋藏以及被提取过程中存在的各种自然或人为的因素造成的[1]。由此,利用出土植物遗骸作为研究资料诠释和认识古代人类生产方式和生活特点,应采用科学的量化分析方法,尽可

---

[1]　赵志军:《考古出土植物遗存中存在的误差》,载《植物考古学:理论、方法和实践》,北京:科学出版社,2010 年,第 52 - 59 页。

能降低误差对统计数据的分析,准确地复原植物遗骸与古代人类生活的关系。

基于此,在对兴隆沟第一、二地点,南湾子北遗址,敖东第二地点,魏家窝铺遗址和哈民忙哈遗址出土的植物遗存进行量化分析时,主要采用出土概率和绝对数量统计方法。

出土概率是指在遗址中发现某种植物的可能性,是根据出土有该植物的样品在采集到的样品总数中的占比计算得出的。这种统计方法的特点是不考虑每份浮选样品中所出土的各种植物遗存的绝对数量,仅以"有"和"无"二分法作为统计标准,因此在客观上最大限度地减少了由绝对数量造成的误差对分析结果的影响[1]。

绝对数量主要是指样品中某一分类群的总数。因为种子炭化是偶然的,所以降低绝对数量的影响应该是有效的方法。种子的存储地点完全可能影响绝对数量,导致绝对数量的统计会存在误差。

数量分析研究经常比对某一种类植物在各层位之间的出土概率或绝对数量比例的变化,或者种类组合的变化;在同一层位中,则比对各个种类植物的出土概率或绝对数量比例的差异。从而探讨某种植物遗存在人类生活中的地位和影响的变化,以及通过某一特殊组合分析复原当时的生产加工过程。

三、比较法

从微观和宏观两个层面上进行比较。微观层面上着重对兴隆沟第一、二地点,南湾子北遗址,敖东第二地点,魏家窝铺遗址和哈民忙哈遗址进行分析,比较不同时间段因地域生态环境的不同而导致的植物遗存数量与种类的不同,比较上述几处遗址所出植物遗存的种类、数量以及出土概率情况,进而探讨辽西地区新石器时代早期农业起源与发展态势,新石器时代中晚期农业发展特点以及与其他生业方式之间的关系问题。宏观层面上着重于辽西地区与黄河中游地区新石器时代生存环境与生业方式的变化,总结辽西地区的特点与规律。

四、历史文献法

历史文献法,即收集与整理各种中国古代历史文献资料,从中选取关于农业起源、农业耕作技术的信息,为研究提供重要的史料支撑。有史以来,辽西地区就是农业、游牧、畜牧、采集、渔捞等多种生业方式共存或交错分布的重要地区,

---

〔1〕 赵志军:《安徽蒙城尉迟寺遗址浮选结果分析报告》,载《植物考古学:理论、方法和实践》,北京:科学出版社,2010年,第109－119页。

不同人群在这一重要区域你方唱罢我登场;中古时期,多个民族在这一区域先后建立了政权,留下了丰富的史料。在众多文献中,关于这一地区生态环境、农业技术、农业科学、畜牧经济等方面的文献生动地再现了辽西地区远古先民生息繁衍留下的历史印痕。爬梳这些历史文献资料,对于深入分析辽西地区人类生存环境与生业方式、文化发展具有重要的价值。

五、考古调查法

兴隆沟第一、二地点,南湾子北,敖东第二地点,魏家窝铺,哈民忙哈几处典型遗址的数据信息,并不能完全反映出该地域新石器时代不同考古学文化生业方式的变化。系统研究辽西地区新石器时代的植物与先民生计的关系问题,需要对这一地域不同考古学文化的遗址分布规律进行探究。这就需要进行科学系统的调查,在调查中采用针对性采样法进行采样、浮选,获得大量具有代表性的植物遗存。在此基础上,较为全面地分析这一地域新石器时代不同时间段文化变迁,以及人类迁徙与植物遗存利用、生业方式变化的关系问题。以全国第二、三次文物普查结果为基础编写的《中国文物地图集·内蒙古自治区分册》《内蒙古自治区第三次全国文物普查新发现》为进行这一工作提供了较为详细的基础性材料。

对新石器时代各个考古学文化典型遗址进行区域性调查,并在调查中,采用针对性剖面采样法,即从剖面或者断崖暴露的文化层或灰坑中采集土样。在调查过程中采样100余份样品,共获得粟、黍等农作物种子,以及狗尾草、胡枝子、锦葵、猪毛菜、灰菜、萎陵菜、草木樨、虫实等其他科属的炭化植物种子。所获取的植物种子数据可用于补充与完善对该地区新石器时代不同考古学文化的农作物类型、农业技术水平以及人类生活状况等的认识。

第四节　研　究　意　义

系统运用田野考古学、植物考古学理论及方法,从典型遗址的选择、采样进行设计论证,并科学系统地在典型遗址中获得辽西地区新石器时代的小河西文化、兴隆洼文化、赵宝沟文化、红山文化、小河沿文化时间段的炭化植物遗存,在此基础上,对这些遗存在实验室完成种属鉴定及整理、分析工作。从而对辽西地区新石器时代不同阶段考古学文化的经济形态进行有效的分析与把握,揭示出人类历史进程中不同发展阶段人类食物结构的变化规律。这不仅能为深入研究中国北方旱作农业的起源和发展提供新的资料,而且可带动我国考古学在今后的工作中对发现和研究古代人类食物结构等的重视。

通过研究,可以深入地了解辽西地区新石器时代人类对于自然环境的适应策略;自然环境的变化又怎样影响了人类生活方式和人类文明的演进过程。

探讨农业起源和发展与生态环境变化的关系不仅可以帮助我们复原人类社会的发展史,认识古代文明产生的动因与过程,同时还可以帮助我们了解自然环境的演变过程和原因,总结历史经验,为现代和今后正确处理社会经济发展与环境保护的关系提供参考和借鉴。

第二章　兴隆沟遗址第一地点
浮选植物种子

第一节　遗　址　背　景

　　兴隆沟遗址地处大凌河支流牤牛河上游西岸,东南方向距离兴隆洼遗址 13 千米。兴隆沟遗址所处的坡地西部高东部低,在遗址西侧环绕有起伏不断的山丘,南北两侧有多道自然冲沟,现在形成的岗地呈现高低不一态势,遗址东侧的地势相对开阔、低平,遗址东北侧有一隆起的小山丘,其余大部分为耕地。

　　1982 年,中国社会科学院考古研究所内蒙古工作队、敖汉旗博物馆联合在敖汉旗境内开展国家第二次文物普查工作,并首次发现兴隆沟遗址。此后经过文物部门多次对遗址进行复查,认识不断深入,确认该遗址是一处兴隆洼文化聚落遗址。兴隆沟遗址文化性质单一,保存状况相对较好。

　　1998 年 5 月,中国社会科学院考古研究所内蒙古第一工作队与敖汉旗博物馆联合对该遗址进行复查,对遗址地表所见房址灰圈进行了详细测绘,并采集到一批典型陶片及大量的石器。经过测量,遗址东西长近 400 米、南北宽近 120 米,总面积达到 4.8 万平方米。根据调查发现,地表可见成行排列的灰土圈,且十分清楚。根据发掘经验判知,每一个灰土圈基本上代表了一座半地穴式房址,地表所见灰土圈实为房址内的最上层堆积,经过多年翻耕,分布位置和形状略有扰动,故灰土圈多呈不规则形。所有房址的开口均直接暴露在耕土层上,打破生土。经过逐一确认,兴隆沟遗址共发现房址 145 座,均沿东北—西南方向成排分布,根据分布的疏密状况及微地貌的变化,自东向西可明确分成三区,其中一区、二区保存相对完整,三区西侧已被开辟成林地,部分房址遭到破坏。

　　2001-2003 年,中国社会科学院考古研究所对兴隆沟遗址进行发掘。兴隆沟遗址发掘区域涉及三个地点:第一地点位于兴隆沟村西南的山前荒坡上,是一处属于兴隆洼文化中期的大型聚落遗存,年代距今 8000-7500 年;第二地点位于村东北的一片农田中,是一处带有长方形环壕的红山文化晚期聚落遗址,年代距今约 5300－5000 年;第三地点位于村西南的一片坡地上,是一处带有圆形环壕的夏家店下层文化居住址,年代距今约 4000－3500 年。发掘工作以第一地点为主,对第二、三地点进行了试掘。2001 年发掘的第一地点发掘区 A 区位于遗址东部,发掘面积共 1632.5 平方米。清理房址 12 座,居室墓 8 座,灰坑 3 个。2002 年发掘的第一地点发掘区 B 区位于遗址的中部,发掘面积共 1450 平方米。清理房址 11 座,居室墓 10 座,灰坑 13 个。2003 年发掘的第一地点发掘区 C 区位于遗址西部,发掘总面积 1965 平方米。清理房址 14 座,灰坑 42 个,居室墓 10 座。三年的发掘共清理出兴隆洼文化房址 37 座、灰坑 58 座、居室墓 28 座[1]。

　　兴隆沟遗址的发掘是一次计划周密的科学发掘,在发掘前就已经确立了明确的学术目标,"从狩猎—采集经济向农业经济过渡及农业的起源是世界范围内不同区域考古研究共同关注的热点问题之一,这是人类在早期社会发展阶段共同走过的道路。有关该课题的研究在辽西地区并没有得到深入展开,仍旧停留在表层讨论或主观推测上,缺乏植物考古的实证资料,如兴隆洼文化以狩猎—采集经济为主,同时是否出现了原始的农业经济? 学术界尚未达成共识"。鉴于此,在发掘过程中,运用浮选法来获取遗址中埋藏的炭化植物遗存,通过分析这些炭化植物遗存与兴隆沟先民生业方式变化的关系,进一步了解辽西地区史前经济形态的特征和演变过程。

　　兴隆沟遗址第一地点浮选的主要目的是探究植物遗存与兴隆沟先民生业方式的变化关系。因此,在采样与浮选过程中,首先要保证浮选样品达到一定数量,以便获取数量与品种相对充足的炭化植物遗存,并进行后续的量化分析与研究。第一地点的情况比较特殊,发现的遗迹单位相对单一,除少数灰坑外,主要就是房址,如果仍然使用针对性采样法,即以每座房址为单位采集一份浮选土样,样品数量明显偏少。另外,这些房址的面积一般都比较大,多在 30－80 平方米之间,一座房址取一份样品很难照顾到整个房址的堆积面。因此,为了确保上述研究计划的顺利完成,在对第一地点发掘时,采用了网格式采样法完成样品的提取工作。

---

〔1〕　刘国祥、贾笑冰、赵明辉、邵国田:《赤峰兴隆沟遗址发掘可望解决多项学术课题》,《中国文物报》2011 年 11 月 16 日,第 1 版;中国社会科学院考古研究所内蒙古第一工作队:《内蒙古赤峰市兴隆沟聚落遗址 2002－2003 年的发掘》,《考古》2004 年第 7 期,第 3－8 页;刘国祥、贾笑冰、赵明辉、邵国田:《兴隆沟遗址发掘又有重要发现》,《中国文物报》2003 年 1 月 3 日,考古版。

网格式采样法是指在人为划定的一个堆积范围内划分出网格,然后以网格为单位采集土样进行浮选。所要划定的范围可大可小,大至整个遗址,小到一个房址甚至一个灰坑。网格的尺寸应该根据采样范围的大小和研究目的而定,一般在 0.5 - 2 平方米,第一地点设定的网格尺寸为 1 平方米,然后以网格为单位逐层获取浮选土样。除此之外,对在房址内所发现的其他遗迹现象,如灶坑、墓葬以及一些陶器内的积土等,还单独进行了采样。这样每一袋土样都有固定的方位和层位,不易混乱,还可以了解植物遗存在遗迹单位内不同位置的埋藏情况,为研究当时人类室内活动的规律提供了重要线索。

兴隆沟遗址第一地点的发掘,首次采用网格法对半地穴式房址进行清理,这不仅是在辽西地区首次采用,即使是在国内其他地区也属首次。具体操作过程是:将耕土层清理掉后,房址开口露出,以探方西南角作为基点,设横纵坐标,同时布设出 1 平方米规格的网格,统一用细线绳将网格拉出固定。同时网格要穿过房址的中心点,设立宽 20 厘米的横纵隔梁各一道。发掘过程中,首先按照常规发掘操作方法逐层进行清理,在同一层位内则按照 5 厘米的水平深度进行清理。网格法的运用,有利于处理房址内出土遗物的横纵关系,对于了解房址内遗物的空间分布具有重要意义;同时,对于系统采集浮选土样也十分有效。兴隆沟遗址第一地点的发掘,以网格为单位,对灶坑、窖穴、陶器内的土样全部采集,先后采集了 1082 份浮选土样,绝大多数样品的土量在 20 - 40 升之间,浮选土样总计 23888 升。在一处遗址内开展如此大规模的浮选工作,这不仅在我国考古学界首屈一指,在世界其他国家的考古发掘中也是罕见的。这为我们分析和探讨兴隆沟遗址乃至整个辽西地区古代经济形态特征和发展脉络提供了充足的实物资料和坚实的科学依据。

浮选工作在发掘现场进行,使用的浮选设备是水波浮选仪,配备的分样筛规格为 80 目(网孔径 0.2 毫米)。浮选结果阴干后,运回植物考古实验室进行分类与种属鉴定。

通过实验室整理与分类,兴隆沟第一地点样品中发现的炭化植物遗骸可分为炭化木屑、硬果壳核和植物种子三大类。

第二节 炭 化 木 屑

炭化木屑主要是指经过燃烧的木材残存品,主要的来源大多是未经过充分燃烧的燃料,或者是遭到焚烧的建筑木材以及用作它途的木料等。第一地点浮选出土的炭化木屑十分细碎,但通过显微镜观察,炭化木屑的细胞结构可以清晰看到。依据这些细胞结构的特点,可以对木屑进行进一步的综合分析与讨论,"可以鉴定树种,从而复原古代植被,而且利用特有种和建群种的生态习性对环境和气候进行定性和定量分析。尤其灰坑中的薪炭遗存,多属于当地植被的优势种或建群种,它们具有较强的气候指示意义,能代表较小地理范围内的地方性植被、气候特征,具有更高的生态分辨率,有助于理解古代不同文化时期的人地关系"[1]。

我们对出土炭化木屑作为统一类别进行了量化分析。具体的操作方法主要是,利用分样筛将各个样品中大于 1 毫米的炭化木屑拣选出来,并称重计量,然后以样品为计算单位进行等量换算,力求通过等量换算的结果探寻具有某种文化意义的现象或者规律性的认识。兴隆沟遗址第一地点 1082 份样品所含炭化木屑的总量为 770.4 克,平均每份样品所含炭化木屑 0.71 克。其中炭化木屑含量较高的样品分别来自灰坑、房址及房址内的灶坑。

第三节　硬果壳核

硬果壳核主要是指坚果(nut)果壳和核果(drupe)果核,坚果果壳如板栗、榛子、栎果等,核果果核主要包括桃、杏、胡桃、核桃等。硬果壳核由于十分坚硬,容易保存,因此在遗址发掘过程中经常可以发现这类未炭化的硬果壳核遗存。许多硬果壳核的外部特征比较明显,所以用肉眼就可以对其进行识别与鉴定。

第一地点浮选出土了一定数量的炭化硬果壳核,经过鉴定,其中大部分属于栎果(Quercus),共 33 粒,其他推测可能是栎果的外壳,共 28 粒。

栎果,亦称橡子,属于壳斗科栎属树种果实的统称,果实一般呈圆形或长圆形,果壳薄且光滑,顶部有小尖,底部托有壳斗。在我国比较常见的栎属树种主要有蒙古栎、栓皮栎、青冈栎、麻栎等。不同的栎属树种所结栎果在形态与外部特征上十分接近,主要区别表现在壳斗的形状和表面的特征。第一地点浮选出土的栎果遗存,从其形状和表面特征来看,果实形状呈长卵形,鳞片脊部位瘤状突起,与辽西地区分布的蒙古栎果实相似,应该是蒙古栎的籽实。

蒙古栎,亦称"蒙栎"。乔木,树皮灰褐色,深纵裂。叶呈倒卵形或倒卵状椭圆形,边缘有 8-9 对波状钝齿牙。雄花序腋生;雌花 1-3 朵生枝梢。壳斗杯形。生在阳坡。分布在我国河北、北京、山西、内蒙古、黑龙江、吉林、辽宁等省区。蒙古栎的种子可提取淀粉或作为酿酒原料。《野菜博录》记载,"《本草》橡实,栎子也。生

---

〔1〕　王树芝:《木炭碎块分析在考古学研究中的作用》,《中国文物报》2003 年 7 月 11 日,第 6 版。

山野间。树高大。叶似栗叶,大。结实有梂裹其实,味苦涩,性微温,无毒。取子换水浸煮数次,淘去涩味,蒸极熟食之,厚肠胃,肥健人,不饥"[1]。蒙古栎的树皮和壳斗含鞣质,可以入药;木材可供建筑用材;叶可以养蚕。

第四节　植　物　种　子

植物种子是此次浮选工作的最大收获,第一地点土样中共出土2440粒炭化植物种子(表2-1)。其中包括黍和粟两种农作物种子,合计1026粒,占出土炭化植物种子总数的42.1%。其他可以鉴定的还包括禾本科、豆科、唇形科、藜科、苋科、菊科、蔷薇科、葡萄科、芸香科等植物科属种子,另外还有部分特征不明显,或由于炭化过甚,或在埋藏和提取过程中遭到磨损而失去了特征部位,无法进行准确的种属鉴定,暂时按照未知种子列入统计表中。

表2-1　兴隆沟遗址第一地点浮选出土植物种子统计表

植物种属	绝对数量	数量百分比(%)
黍	985	40.37
粟	41	1.68
狗尾草	3	0.12
野大豆	8	0.33
黄芪	263	10.78
藜	479	19.63
青葙	120	4.92
水棘针	90	3.69
百里香	80	3.28
黄花蒿	309	12.67
野葡萄	7	0.29
野山楂	1	0.04
黄檗	9	0.36
未知植物种子	45	1.84
总计	2440	100

---

[1]　(明)鲍山编,王承略点校、解说:《野菜博录》,济南:山东画报出版社,2007年,第399页。

一、农作物种子

黍(*Panicum miliaceum*)

第一地点出土炭化黍(图2-1)985粒,约占出土植物种子总数的40.37%。

这些黍粒表面较粗糙,多呈长鼓圆形,腹部和背部均高高隆起,胚部短而宽,因经过烧烤裂呈"V"状。我们对出土炭化黍相对较多的F31内的黍进行测量(表2-2),103粒相对完整的炭化黍最大粒长1.71毫米,最大粒宽1.41毫米,最小粒长1.29毫米,最小粒宽0.88毫米。粒长的平均值是1.53毫米,粒宽的平均值为1.12毫米,长宽比值为1.37。

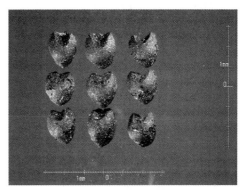

图2-1　黍种子

表2-2　兴隆沟遗址第一地点F31出土黍测量数据

粒长 （毫米）	粒宽 （毫米）	长宽 比值	粒长 （毫米）	粒宽 （毫米）	长宽 比值
1.65	1.3	1.27	1.58	1.23	1.28
1.68	1.13	1.49	1.65	1.33	1.24
1.47	1.32	1.3	1.71	1.3	1.32
1.52	1.13	1.35	1.67	1.19	1.4
1.53	1.14	1.34	1.43	1.16	1.23
1.45	1.26	1.15	1.55	1.24	1.25
1.5	1.08	1.39	1.69	1.23	1.37
1.5	1.24	1.21	1.48	1.5	0.99
1.64	1.4	1.17	1.57	1.23	1.28
1.54	1.17	1.32	1.39	0.99	1.01
1.62	1.16	1.4	1.53	1.15	1.33
1.71	1.24	1.38	1.57	1.23	1.28
1.58	1.41	1.12	1.59	0.89	1.79
1.68	1.32	1.27	1.29	1.08	1.19

粒长 （毫米）	粒宽 （毫米）	长宽 比值	粒长 （毫米）	粒宽 （毫米）	长宽 比值
1.29	0.91	1.42	1.53	1.11	1.38
1.58	0.95	1.66	1.44	1.06	1.36
1.44	1.1	1.31	1.48	0.89	1.66
1.41	1.02	1.38	1.67	1.13	1.48
1.57	1.01	1.55	1.51	0.98	1.54
1.33	1.21	1.1	1.54	1.02	0.98
1.69	0.88	1.92	1.6	0.89	1.8
1.39	1.02	1.36	1.54	1.09	1.41
1.3	0.96	1.35	1.49	1.01	1.48
1.65	0.94	1.76	1.65	1.3	1.27
1.4	1.06	1.32	1.68	1.13	1.49
1.41	1.02	1.38	1.47	1.32	1.11
1.57	1.01	1.55	1.52	1.13	1.35
1.33	1.21	1.1	1.53	1.14	1.34
1.69	0.88	1.92	1.45	1.26	1.15
1.39	1.02	1.36	1.5	1.08	1.39
1.3	0.96	1.35	1.5	1.24	1.21
1.65	0.94	1.76	1.64	1.4	1.17
1.4	1.06	1.04	1.54	1.17	1.32
1.69	0.91	1.86	1.62	1.16	1.4
1.46	0.97	1.51	1.71	1.24	1.38
1.31	0.96	1.36	1.58	1.41	1.12
1.55	1.13	1.37	1.68	1.32	1.27
1.53	1.12	1.37	1.58	1.23	1.28
1.69	0.91	1.86	1.65	1.33	1.24
1.46	0.97	1.51	1.71	1.3	1.32
1.31	0.96	1.36	1.67	1.19	1.4
1.55	1.13	1.37	1.43	1.16	1.23

续　表

粒长 （毫米）	粒宽 （毫米）	长宽 比值	粒长 （毫米）	粒宽 （毫米）	长宽 比值
1.55	1.24	1.25	1.44	1.1	1.31
1.69	1.23	1.37	1.53	1.11	1.38
1.48	1.5	0.99	1.44	1.06	1.36
1.57	1.23	1.28	1.48	0.89	1.67
1.39	0.99	1.4	1.67	1.13	1.48
1.53	1.15	1.33	1.51	0.98	1.54
1.59	0.89	1.79	1.54	1.02	1.51
1.29	1.08	1.19	1.6	0.89	1.8
1.29	0.91	1.42	1.54	1.09	1.41
1.58	0.95	1.66			

　　黍，属于禾本科黍属，亦称"稷""糜子"，今北方大部分地区称"糜子"。小穗长 4－5 毫米；外颖正三角形，长约为小穗的 1/2－2/3，通常具 5－7 脉；内颖与小穗等长，通常具 11 脉。成熟小花（谷粒）宽椭圆形，侧面观，背、腹部均突出；长 2.89－3.39 毫米，宽 2.05－2.45 毫米，厚 1.79－1.98 毫米，长宽比为 1.18－1.65；外稃 7 脉，内稃 2－3 脉。稃片表面光滑，在高倍解剖镜下可见细纵纹；乳白、黄褐、深红黑等色，脉色较浅[1]。

　　黍的籽粒，在植物学上称为颖果，形状有宽椭圆形、卵形等。宽椭圆形；长 2.25－2.58 毫米，宽 1.82－2.56 毫米，厚 1.38－1.84 毫米，长宽比为 0.91－1.35；表面光滑，在扫描电镜下观察，呈复网状纹饰，网脊锐细；白色或黄白色；胚区位于颖果背部下部，宽卵形，稍凹陷，长 0.91－1.45 毫米，宽 1.11－1.32 毫米，长宽比为 0.74－1.23；颖果长、胚区长比 1.66－2.53，一般胚区长约为颖果长的 1/2；果疤位于腹部近基端，呈宽椭圆形，稍凹陷，长 0.43－0.71 毫米，宽 0.39－0.59 毫米，长宽比为 0.98－1.32；红褐色。颖果横切面呈宽椭圆形。皮薄膜质。胚乳丰富，粉质。胚侧生型。黍的千粒重为 3－10 克。

　　黍是一年生草本植物，为第二禾谷类作物。黍具耐旱、早熟、耐瘠薄等生理特点，主产区位于我国西北和华北地区。黍可以充分利用相对短暂的降雨期，完

---

[1]　刘长江、靳桂云、孔昭宸：《植物考古——种子和果实研究》，北京：科学出版社，2008 年，第 95 页。

成生长发育过程,并能获得相对可观的粮食产量。

　　黍的营养丰富。根据各地分析,黍的籽粒中含蛋白质 8.6%—15.5%,脂肪 2.6%—6.9%,淀粉 67.6%—75.1%,膳食纤维 3.5%—4.4%,灰分 1.3%—4.3%。黍籽粒的蛋白质含量明显高于大米、小米、高粱米、玉米、小麦、大麦和青稞;脂肪含量高于大米、小麦,与小米和高粱米相近。此外,黍还含有丰富的维生素。

　　黍既是黍主产区的主要食物,也是酿酒的主要原料。同时,黍还有重要的药用价值,其味甘、性平,入脾、胃、大肠、肺经,具有补中益气、健脾益肺、除热愈疮等功效。

　　黍的籽粒、秕粒、皮壳、茎、叶、秆等都含有丰富的营养成分,有重要的饲用价值。我国北方地区种植黍的农民常常将黍籽粒、秕粒、黍糠等混合磨成粉,作为饲料用来养猪、鸡。在每年黍收获脱粒之后,将经过碾压的黍草(茎秆)单独收藏,作为耕牛冬春的饲草;将碎叶碎壳收藏起来,作为羊的冬春饲草[1]。

　　粟(*Setaria italica*)

　　第一地点出土炭化粟(图 2-2)41 粒,约占出土植物种子总数的1.68%。

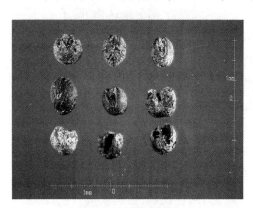

这些粟粒近球形,表面较光滑,胚区为浅沟形,胚部长而窄,经烧烤爆裂呈凹口状。我们对出土炭化粟相对较多的 F31 内的粟进行测量(表 2-3),11 粒相对完整的炭化粟最大粒长1.58毫米,最大粒宽 1.56 毫米,最小粒长 1.18 毫米,最小粒宽 1.14 毫米。粒长的平均值是1.35毫米,粒宽的平均值为 1.27 毫米,长宽比值为 1.06。

图 2-2　粟种子

表 2-3　兴隆沟遗址第一地点 F31 出土粟测量数据

粒长（毫米）	粒宽（毫米）	长宽比值	粒长（毫米）	粒宽（毫米）	长宽比值
1.32	1.15	1.15	1.18	1.14	1.04
1.26	1.17	1.08	1.37	1.3	1.05
1.36	1.28	1.06	1.22	1.27	0.96

〔1〕　柴岩:《糜子》,北京:中国农业出版社,1999 年,第 3 页。

续　表

粒长（毫米）	粒宽（毫米）	长宽比值	粒长（毫米）	粒宽（毫米）	长宽比值
1.38	1.29	1.07	1.47	1.27	1.16
1.31	1.27	1.03	1.35	1.27	1.06
1.58	1.56	1.01			

　　粟,古代亦称"禾""谷",今北方地区通称"谷子",去壳叫"小米"。属禾本科狗尾草属,一年生草本植物。小穗长约 3 毫米;外颖为小穗长的 1/3－1/2,具 3 脉,内颖约为小穗长的 3/4,具 5－9 脉。成熟小花(谷粒)呈宽椭圆形;侧面观,背、腹部均突出;长 2－2.3 毫米,宽 1.66－1.82 毫米,厚 1.38－1.58 毫米,长宽比为 1.14－1.29;稃片表面颗粒状小突起,彼此分离,内稃两侧边缘无小突起,呈光滑窄条状;稃片为黄、白、红、黑、灰、杏黄和黄褐色等。颖果(米粒)近圆球形;长 1.44－1.81 毫米,宽 1.52－1.65 毫米,厚 1.14－1.6 毫米,长宽比为 0.88－1.17;表面光滑,在扫描电镜下观察呈复网状纹饰,网脊钝宽;一般为黄、白和灰色;胚区位于颖果背部下部,呈窄卵形或基部略宽的长条形,稍凹陷,长 1.17－1.61 毫米,宽 0.59－0.98 毫米,长宽比为 1.55－2.5;颖果长与胚区长比为 1－1.33,一般胚区长约为颖果长的 5/6;果疤位于腹部近基端,椭圆形,稍凹陷,长 0.41－0.44 毫米,宽 0.26－0.33 毫米,长宽比为 1.24－1.69;红褐色。颖果横切面近圆形。果皮薄膜质。胚乳丰富,粉质,胚为侧生型[1]。

　　粟是我国北方旱作农业地区的主要粮食作物,其播种面积约占粮食作物总播种面积的 15%。粟对气候、土壤等环境条件的适应性很强,具有耐旱、耐瘠薄、抗逆性强、产量变异小等特点,在我国一般大于 10℃ 活动积温,年降水量 300－500 毫米,海拔几十米到海拔 2000 米左右的地方均可种植。粟具有发达的根系,可从土壤深层吸收水分,叶片表皮较为发达,细胞壁硅质化,其蒸腾系数较小麦和玉米小,对水分的利用率却很高,比较适合在我国华北、西北、黄土高原以及东北西部的干旱半干旱浅山丘陵地区生长。这些地区春季干旱少雨,有利于粟出苗后扎根;夏、秋两季雨量集中、丰富,可以保证粟孕穗期的营养和籽粒灌浆。

　　粟的籽实中蛋白质含量超过玉米和小麦,脂肪多于大米和小麦。粟既是北方地区重要的口粮,同时也可以作为酿酒的主要原料。粟的茎、叶、谷糠等可作

---

〔1〕　刘长江、靳桂云、孔昭宸:《植物考古——种子和果实研究》,北京:科学出版社,2008 年,第 96、97 页。

为饲料。目前粟的茎、叶是北方地区家畜的主要饲料,谷糠是家猪的主要食物。

二、其他植物种子

狗尾草(*Setaria viridis*)

第一地点出土狗尾草种子 3 粒,约占出土植物种子总数的 0.12%。

狗尾草,属禾本科狗尾草属,一年生草本植物。小穗含 1 - 2 花,椭圆形,先端钝,长 1.8 - 2.5 毫米,宽 0.6 - 0.7 毫米,灰绿色、浅黄色至淡紫红色;刚毛绿色、黄色或紫色,粗糙,长 4 - 12 毫米。第一颖卵形,具 3 脉,长约为小穗的 1/3;第二颖具 5 脉,几与小穗等长。第一外稃具 5 - 7 脉,与小穗等长;内稃窄。孕花外稃背面先端钝,淡黄色、黄褐色至深灰褐色,具细点状皱纹,平行状均匀分布[1]。

颖果椭圆形,顶端钝尖,背面拱形,腹面扁平,长约 1.4 毫米,宽 0.8 - 1 毫米,淡灰色或灰色;脐椭圆形,深黄色;腹面扁平;胚椭圆形,狭,长约占颖果的 2/3,色稍深于颖果。千粒重约 8.6 克。

狗尾草在我国南北各个省区均有分布,且广布于世界各地。种子繁殖。多生于荒野、道旁,为田间重要杂草之一。同时,狗尾草也可以全草入药,具除热、祛湿、消肿功效。

野大豆(*Glycine soja*)

第一地点出土炭化野大豆(图 2 - 3)8 粒,约占出土植物种子总数的 0.33%。这些炭化野大豆在形态上较一致,豆粒均呈长椭圆形,背部圆鼓,腹部微凹,豆脐呈窄长形,位于腹部偏上部。

野大豆,属豆科野大豆属,一年生草本植物。茎缠绕、细弱,长达 2 - 3 米,疏生黄褐色长硬毛。羽状三出复叶,小叶薄纸质,卵形、卵状椭圆形或卵状披针形,长 1 - 6 厘米,宽 1 - 3 厘米,先端锐尖至钝圆,基部近圆形,全缘,两面有长硬毛。总状花序腋生,花小,淡紫色;花萼钟状,花冠蝶形,旗瓣近圆形。荚果扁,稍呈镰刀形,密被黄褐色长硬毛。种子间缢缩,内含 2 - 4 粒种子;种子呈宽椭圆形,稍扁,长 2.5 -

图 2 - 3　野大豆豆粒

〔1〕 中国科学院植物研究所植物园种子组、形态室比较形态组:《杂草种子图说》,北京:科学出版社,1980 年,第 260 页。

4毫米,黑色[1]。

野大豆广泛分布于我国东北、华北、华东、华中和西北等地,俄罗斯、日本及朝鲜的山地也有生长。

野大豆根系发达,深入土层1米左右,根瘤丰富。喜湿润弱碱性土壤,在pH6.3的中性土壤、草甸土以及黑钙土上生长繁茂。野大豆叶量丰富,开花期长,结荚量多,每株结荚7-16个。种子萌发快,落粒性强,有良好的自然更新能力。生育期的长短与纬度有关,在东北地区,在降霜前可保持青鲜状态。在南部,生育期可达135-145天;在北部,生育期只有70天左右。

野大豆喜生在湿润草甸、五花草塘、柳树丛林,在沙地和石质地上也能生长。在河湾岸边、旧河床上生长尤多,是草甸草场、林间草地的常见种,适应能力较强。

野大豆茎叶柔软,适口性良好,为各种家畜所喜食。干草及冬、春枯草也为家畜所喜食。野大豆为缠绕型豆科牧草,其茎缠绕他物才能根深叶茂,可与直立型禾本科牧草混播,形成高产、优质的人工草地。由于野大豆根群发达,枝叶茂盛,覆盖地面能力强,水土保持作用好,也可选作山地草场的放牧用牧草。

黄芪(*Astragalus membranaceus*)

在第一地点出土植物种子中,黄芪(图2-4)种子的数量共计263粒,约占所有出土植物种子总数的10.78%。

黄芪为豆科黄芪属,多年生草本植物,亦称"膜荚黄芪"。茎高60-150厘米,羽状复叶互生;小叶卵披针形或椭圆形,长730毫米,宽4-10毫米,两面有白色长柔毛;叶轴有长柔毛;托叶狭披针形,长约6毫米,有白色长柔毛。总状花序腋生,花下有条形苞片;花萼筒状,长约5毫米,萼齿短,有白色长柔毛;花冠白色,旗瓣无

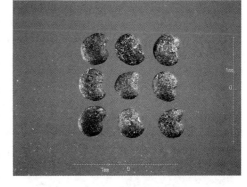

图2-4　黄芪种子

爪,较翼瓣和龙骨瓣长,翼瓣、龙骨瓣有长爪;子房有毛,有子房柄。荚果膜质,膨胀,有长柄,有黑色短柔毛。背面弓曲;腹面中部以下凹缺,以上为胚根的鼻状突起。种脐位于腹面中部,紧靠胚根突起,圆形或近三角形,边缘白色隆起,中央黑

〔1〕　赵培洁、肖建中:《中国野菜资源学》,北京:中国环境科学出版社,2006年,第273页。

色凹陷。种脐下连黑色脐条。未见中瘤[1]。

黄芪生于林缘、山坡草地、草甸和灌丛等处。分布于我国东北、西北、华北、西南，以及朝鲜、蒙古和俄罗斯。根入药，有强壮、排脓、止汗、利尿作用。在我国栽培主要是药用[2]。

藜（ Chenopodium album ）

在第一地点出土的植物种子中，藜科种子的数量相当可观，共计 479 粒，约占所有出土植物种子总数的 19.63%。通过细部形态特征观察，第一地点出土藜科种子全部是藜科藜属中的藜。

藜，属藜科藜属，一年生草本植物，俗称"灰菜""大叶灰菜"。藜的胞果呈双凸透镜形；果皮灰黄色，薄，紧贴种子，有时透出种子的黑色；直径 1.3 毫米。表面粗糙，具放射状点纹或斑纹。果底具 5 枚宽大、边缘多少相覆的花被包围全果；果顶面大部分被花被覆盖，中央具残存花柱。种子与胞果同形；黑色，有光泽；直径近胞果；表面具明显放射状点纹；边缘具薄的窄边。胚环绕于种子外缘，胚根端部稍突出，但不在种子边缘形成凹缺，而是在其内形成沟状凹陷。

藜多生于农田、果园、菜园、路边、宅旁和荒地。分布于我国及世界各地。幼苗可作蔬菜，全草药用，具止泻、止痒等功效[3]。

青葙（ Celosia argentea ）

第一地点出土青葙（图 2-5）种子 120 粒，约占出土植物种子总数的 4.92%。

青葙，苋科青葙属，一年生草本植物，别名草蒿、姜蒿、昆仑草、野鸡冠花、鸡冠苋，子名草决明。高 60-100 厘米，全株无毛；茎直立，有分枝，绿色或红色，具明显条纹。叶互生，叶片披针形或椭圆形状披针形，长 5-8 毫米，宽 1-8 毫米，先端急尖或渐尖，基部渐狭成柄，全缘。穗状花序顶生；花多数，密生，初开时淡红色，后变为白色；每花有苞片 1 和小苞片 2，白色，披针形，先端渐尖，延长成细芒；花被片 5，披针形，干膜质，透明，有光泽；雄蕊 5，花丝下部合生呈环状，花药紫红色；子房长圆形，花柱细长，

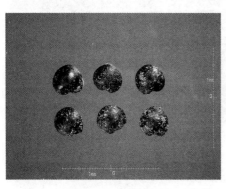

图 2-5 青葙种子

---

〔1〕 赵培洁、肖建中：《中国野菜资源学》，北京：中国环境科学出版社，2006 年，第 267 页。
〔2〕 关广清等：《杂草种子图鉴》，北京：科学出版社，2000 年，第 92 页。
〔3〕 关广清等：《杂草种子图鉴》，北京：科学出版社，2000 年，第 28 页。

紫红色,柱头 2 - 3 裂[1]。胞果卵形或近球形,包于宿存的花被内;种子倒卵形至肾状圆形,略扁,直径 1.1 毫米,表面黑色,有光泽,周缘无带状条纹,种脐明显。

青葙一般生于果菜园、农田、坡地、路旁和荒地。分布于我国各省区,以及朝鲜、日本、俄罗斯、中南半岛、菲律宾、非洲。种子可入药,有消肝明目、降压之效,全草能清热利湿,也可榨油;嫩茎叶作蔬菜食用,也可作饲料[2]。

水棘针(*Amethystea caerulea*)

第一地点出土水棘针(图 2 - 6)种子 90 粒,约占出土植物种子总数的 3.69%。

水棘针,唇形科水棘针属植物。小坚果倒卵形或楔形;绿褐色至黑褐色;长 1.5 毫米,宽 1 毫米。表面粗糙,具网纹状皱褶。背面圆形拱起;腹面稍弯入,其 4/5 的巨大面积为果脐所占据。果脐椭圆形凹陷,凹陷中部隆起为宽脊,脊一侧沟较另一侧深。顶端宽,圆形近平;基端变窄,近平截。生于田间内外、路旁、荒地、山坡、草地和河岸地。分布于我国大部分省区,以及朝鲜、日本、蒙古、伊朗和俄罗斯[3]。

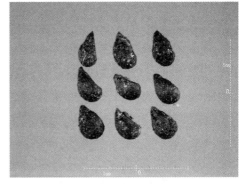

图 2 - 6　水棘针种子

百里香(*Thymus mongolicus*)

第一地点出土百里香种子 80 粒,约占出土植物种子总数的 3.28%。

百里香,唇形科百里香属植物,亦称"地姜""千里香""地椒叶"。属半灌木。茎多数,匍匐或上升,被疏柔毛。叶卵圆形,对生,长 4 - 10 毫米,宽 2 - 4.5 毫米,先端钝或稍锐尖,基部楔形或渐狭,侧脉 2 - 3 对,全缘或稀有 1 - 2 对小锯齿,两面无毛,有较明显的腺点,叶柄明显;胞叶与叶同形。花果期 7 - 10 月。花序近头状。花萼管状钟形或狭钟形,上唇齿短,三角形。花冠紫红色至粉红色,长 6.5 - 8 毫米,二唇形,上唇直伸微凹,下唇 3 裂。小坚果近圆形或卵圆形,压扁状,光滑。

适宜生长在石质或砂质山地,为一般性杂草。主要分布在我国华北、陕西、

〔1〕 赵培洁、肖建中:《中国野菜资源学》,北京:中国环境科学出版社,2006 年,第 84 页。

〔2〕 关广清等:《杂草种子图鉴》,北京:科学出版社,2000 年,第 38 页。

〔3〕 关广清等:《杂草种子图鉴》,北京:科学出版社,2000 年,第 180 页。

甘肃和青海地区。全草药用,也可提取芳香油,民间用作调料[1]。

黄花蒿(*Artemisia annua*)

第一地点出土黄花蒿种子309粒,约占出土植物种子总数的12.67%。

黄花蒿,菊科艾属,一年生草本植物,亦称"臭蒿"。瘦果倒卵形或长椭圆形;黄色,具银白色闪光;长0.8毫米,宽0.3毫米。表面细颗粒状,具10余条纵棱,棱间具细纵纹;顶端圆,向一侧倾斜,无衣领状环;基部变细,末端具突出的短管状果脐,长达果体的1/4,淡黄色。

生于田边、路旁、岸边、山坡和荒地。分布于我国各地,以及朝鲜、蒙古、日本、俄罗斯、中亚、印度、欧洲和北美洲。

全草药用,具清热凉血、解疟、退虚热、解暑、祛风止痒功效[2]。

野葡萄(*Vitis bryoniifolia*)

第一地点出土野葡萄(图2-7)种子7粒,约占出土植物种子总数的0.29%。

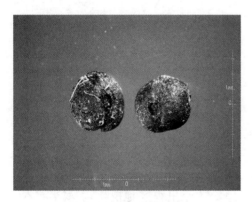

图2-7　野葡萄种子

野葡萄,葡萄科葡萄属植物,亦称"华北葡萄"。葡萄属是落叶藤本植物,有60余种,我国有近30种。葡萄属植物的种子形态很有特点,种子呈橘瓣状,倒宽卵形。长3.5-4.5毫米,宽3.2-4毫米,厚2.2-3毫米。顶端圆钝,基端有短喙,钝尖。背部中央有一圆形或椭圆形区,并为沟所环绕,上部沟通过种子顶端与种子腹面中央纵脊相接。腹部中央纵脊钝,并有一条棕红色细棱,纵脊两侧面各有一条宽沟,约为种子长的3/4。表面粗糙,在高倍解剖镜下可见背部圆形区周围有放射状细条纹。紫褐色,沟及喙部橘红色,稍有光泽。种脐位于腹部纵脊末端,圆形或椭圆形,直径约0.5毫米。种子横切面呈椭圆形。种皮硬,厚250-380微米,断面可见横向细纹理;腹部侧沟深达种子厚的2/3。胚乳丰富,呈"W"形。胚小,呈抹刀形[3]。

---

〔1〕　赵培洁、肖建中:《中国野菜资源学》,北京:中国环境科学出版社,2006年,第257页。

〔2〕　关广清等:《杂草种子图鉴》,北京:科学出版社,2000年,第229页。

〔3〕　刘长江、靳桂云、孔昭宸:《植物考古——种子和果实研究》,北京:科学出版社,2008年,第139页。

野葡萄产于我国河北、山东、江苏、浙江等省,日本、朝鲜也有分布。抗寒性强,在华北一带不用埋土即可越冬,其果实可食或酿酒。《野菜博录》记载,野葡萄"俗名烟黑。生荒野中。茎叶实俱似家葡萄,皆细小,实亦稀疏,味酸。采葡萄紫熟者食之,亦中酿酒饮"[1]。兴隆沟第一地点出土野葡萄种子,形态特征明显,平均长5毫米,宽约3毫米。鉴于第一地点出土野葡萄种子数量偏少,应该是兴隆沟人采集用于食用。

野山楂(*Crataegus cuneata*)

第一地点出土野山楂种子1粒,约占出土植物种子总数的0.04%。

野山楂,蔷薇科野山楂属植物。野山楂枝密生,有细刺,幼枝有柔毛。叶呈倒卵形,长2-6厘米,宽0.8-2.5厘米,先端常3裂,基部狭楔形下延至柄,边缘有尖锐重锯齿。伞房花序,总花梗和花梗均有柔毛,花白色。梨果球形或梨形,红色或黄色,直径约1-2厘米,宿萼较大,反折。花期5-6月,果期8-10月。

野山楂果实较小,类球形,直径0.8-1.4厘米,有的压成饼状。山楂果表面棕色至棕红色,并有细密皱纹,顶端凹陷,有花萼残迹,基部有果梗或已脱落。质硬,果肉薄,味微酸涩。

野山楂在我国主要产于黑龙江、吉林、辽宁、内蒙古、河北、河南、山东、山西、陕西、江苏等省区。适应性强,通常生长于向阳山坡或山地灌木丛中,喜沙质土壤。山楂果肉富含碳水化合物、蛋白质、脂肪、钙、铁及维生素C,为营养丰富的健康果品,既可生食,亦可深加工成果酱、饮料和酒;果干制后入药,对消化和血压不良有效。

黄檗(*Cortex Phellodendri Chinensis*)

第一地点出土黄檗(图2-8)种子9粒,约占出土植物种子总数的0.36%。

黄檗,芸香科黄檗属。黄檗属约10种,主要分布于亚洲东部,我国有2种。落叶乔木,高11-15米,胸径50厘米。深根性,侧根发达,抗风,耐火,较耐寒,适生于冷湿气候,但苗木栽植初期易受冻害。湿润肥沃的腐殖土上生长良好,不耐干瘠薄及水湿,萌生力强。

图2-8　黄檗种子

〔1〕　(明)鲍山编,王承略点校、解说:《野菜博录》,济南:山东画报出版社,2007年,第410页。

黄檗分布于我国东北、华北,最北到北纬 52°,最南达 39°,朝鲜半岛、日本、俄罗斯远东亦产。木材黄色至黄褐色,材质坚韧,纹理美观,耐湿,耐腐,富有弹性,加工容易,为上等家具、造船等珍贵用材;重要的木栓树种,内皮是贵重药材,主要成分为黄连素;可作染料;果实可提芳香油,花为蜜源。

浆果状核果,近球形,径约 0.8 - 1 厘米,内有黏质,初时绿色,成熟时蓝黑色,有光泽,具特殊香气及苦味。果实有 5 室,每果含果核 3 - 5 粒。果核长约 5 毫米,宽约 3 毫米,厚约 2 毫米,半椭圆形,有灰黑色膜质外皮,即内果皮,有小腺点或皱纹。种皮石质,较硬[1]。

未知种子

45 粒,占出土植物种子总数的 1.84%。

第五节 植物遗存统计分析

兴隆沟第一地点是辽西地区新石器时代早期的遗址,与兴隆洼遗址、白音长汗遗址、查海遗址和南台子遗址一样均位于朝北山麓的斜坡上。这与新石器时代晚期的红山文化时期和青铜时代夏家店下层文化时期的遗址地点形成鲜明对比,后者通常更靠近河流的河道附近。在平坦的河谷没有发现新石器时代早期的遗址,而且在远离主要河流的高山上也很少发现。12 处兴隆洼文化时期的遗址均位于高地斜坡上,通常在河道上方 40 - 50 米以上[2]。

赤峰全新世水文系统与第四纪黄土堆积之间的动态关系是了解史前不同时段先民居住体系的关键。一项地质考古学研究假设赤峰河流系统发展的三个阶段与新石器时代和青铜时代的位置有关[3]。赤峰南部河流系统的最初发展可追溯到公元前 6000 -前 4500 年之间。在此期间,景观主要是黄土坡地和丘陵与地质年龄较年轻的河流之间的黄土平原。兴隆洼文化的早期文化层通常位于第四纪黄土堆积的顶部。随着河流系统的发展,在公元前 4500 -前 2000 年之间发生了显著的下切侵蚀,形成河流的二级台地。红山文化时期的许多新石器时代晚期的人类活动是在这个台地的冲积沉积物中发现的,表明它们比台地的形成更晚。随后在公元前 2000 年左右继续下切侵蚀形成了河流的一级台地。夏家

〔1〕 国家林业局国有林场和林木种苗工作总站:《中国木本植物种子》,北京:中国林业出版社,2000 年,第 812、813 页。

〔2〕《内蒙古东部(赤峰)区域考古调查阶段性报告》,北京:科学出版社,2003 年。

〔3〕 Z. Xia et al. (2002). "Geomorphologic background of the prehistoric cultural evolution in the Xar Moron river basin, Inner Mongolia". *Acta Geographica Sinica*, 55: 329 - 36.

店下层文化在内的青铜器时代文化层经常出现在一级台地或二级台地全新世黄土沉积物的顶部。虽然该模型是基于更广泛的地理调查的整合,但兴隆沟遗址3处地点的地形关系与其大致相符。在中国北方地区其他的新石器时代早期遗址中也发现有相同的地形偏好,并进一步与西南亚地区早期农业遗址的地理环境有相似之处。这为我们认识兴隆沟第一地点出土植物遗存提供了重要的环境与地理信息背景。

一、对粟和黍两种农作物种子的认识

经过对浮选所获植物遗存的整理、分类和鉴定,对兴隆沟遗址第一地点出土的炭化植物遗骸有了较为全面的了解。下一步主要对出土的各种植物遗存进行科学的量化分析和比较研究,进一步了解不同植物种类在兴隆沟先民日常生活和生产活动中的地位和价值,从而判断当时人们获取植物类食物的途径和方式,进而复原当时人们的生产活动方式等。

从总体上看,兴隆沟第一地点浮选结果中的植物遗存非常丰富,从中发现了大量的炭化植物种子,粟和黍两种谷物遗存占出土炭化植物种子总数的42.05%。对于粟和黍的细部特征,在显微镜下能比较清晰地辨别与确认,鉴定结果准确可靠。

学术界一般认为,粟是由狗尾草驯化而来的,根据形态、结构、颜色、染色体数目及酯酶同工酶等的检测和比较发现:1. 狗尾草与粟的幼苗、植株形态、穗形、颜色等基本相似;2. 两者的细胞染色体数目一致,均是 2n = 18;3. 两者杂交比较容易成功,其杂交后代有育性不完全现象,说明它们之间有很近的亲缘关系;4. 通过粟遗传资源在酯酶同工酶方面的分析发现,在粟遗传资源中出现的主带类型,在狗尾草中几乎全部存在,二者皆具有相同的基本酶带,酶谱类型非常相似[1]。由此,认为粟的野生型是狗尾草。

现代粟的籽粒呈圆球状或近球形,直径在 1.5 毫米左右,而狗尾草籽粒的形态为长扁梭形,长度在 1 – 1.5 毫米。兴隆沟遗址第一地点出土的炭化粟粒近球形,直径在 1.3 毫米左右。从现代粟、狗尾草、炭化粟的长、宽及长宽比值来看,兴隆沟第一地点出土的粟,从形态和尺寸上都已经明显地有别于狗尾草。因此,可以确认兴隆沟遗址第一地点出土的粟属于栽培品种。

现代黍的籽粒,形状呈圆球状,直径多在 2 毫米以上。而常见的黍属野生植物的种子,如铺地黍的籽实一般为长扁圆形,腹部扁平,背部微隆,长度很少有超

---

〔1〕 官春云:《现代作物栽培学》,北京:高等教育出版社,2011 年,第 7 页。

过 1 毫米的。第一地点出土的炭化黍遗存共计 985 粒,这些黍粒多呈长鼓圆形。我们对出土炭化黍相对较多的 F31 内的 103 粒黍进行测量,其长宽比值为 1.37。从现代黍、铺地黍(有学者认为,见于我国北方的一种多年生的杂草——铺地黍可能与黍的起源有关[1])、炭化黍的长、宽以及长宽比值来看,很显然,这些出土的黍粒不论是在尺寸的大小还是在籽粒的丰满程度上均已远远超过一般的黍属野生植物的种子。另外,根据对其他遗址浮选结果的观察发现,考古出土的野生黍亚科植物种子的质地一般都比较坚硬,虽经过烧烤其胚部仍保持完整,基本不见爆裂的情况,而栽培谷物如粟或黍的质地比较疏松,其胚部经过烧烤会产生爆裂。在第一地点发现的 985 粒炭化黍粒的胚部毫无例外地都呈现为爆裂状。综合以上特征,我们可以很有把握地判断第一地点出土的黍已经属于栽培作物品种。

同时,根据上述分析,第一地点出土的黍虽然已经属于栽培品种,但在籽粒的形态上仍保留了较浓厚的野生祖本的特征,如粒形较长,尺寸较小,因此其性质应该属于栽培作物进化过程中的初期品种。兴隆洼文化处于新石器时代早期,年代偏早,出土炭化黍粒在形态特征上所表现出的这些原始特性揭示了一种可能性,即兴隆沟遗址第一地点出土的栽培作物很有可能就是在当地栽培而成的。植物驯化能够大大降低人类利用野生食用植物的风险,一定意义上提高了人类利用食用植物资源的效率。

农业起源是人类社会发展中的重要事件之一,关于以粟和黍为代表的旱作农业的起源问题,学术界普遍认为粟作农业起源于东亚地区,主要是中国,这一点已经达成共识。但是对于粟和黍的起源地与起源时间问题,目前还存在争议。学者大都认为粟作农业起源于黄河流域[2]。黄河中游地区最早的栽培作物是河北武安磁山遗址出土的粟的遗存[3],磁山遗址的年代经 ^{14}C 测定(未校正)为距今 7400 – 7200 年[4],如经过校正有可能达到距今 8000 年[5]。需要指出的

---

〔1〕 李璠:《中国栽培植物起源与发展简论》,《农业考古》1993 年第 1 期,第 49 – 55 页。

〔2〕 黄其煦:《黄河流域新石器农耕文化中的农作物》,《农业考古》1982 年第 2 期,第 55 – 61 页;严文明:《东北亚农业的发生与传播》,载《农业发生与文明起源》,北京:科学出版社,2000 年,第 37 页;石兴邦:《下川文化的生态特点与粟作农业的起源》,《考古与文物》2000 年第 4 期,第 17 – 35 页。

〔3〕 佟伟华:《磁山遗址的原始农业遗存及其相关的问题》,《农业考古》1984 年第 1 期,第 194 – 202 页。

〔4〕 河北省文物管理处、邯郸市文物保管所:《河北武安磁山遗址》,《考古学报》1981 年第 3 期。

〔5〕 中国社会科学院考古研究所:《新中国的考古发现和研究》,北京:文物出版社,1984 年,第 36 页。

是,磁山遗址的粟在出土时已经完全灰化,无法辨识,其种属的鉴定是根据灰像法推断而成的[1]。所谓灰像法实际上就是植硅石分析方法,然而,通过植硅石类型鉴定植物种属,就目前研究而言,存在一定的问题[2]。因此,对于磁山遗址出土粟的鉴定结果难免引起一些学者的疑惑。

兴隆沟第一地点属于兴隆洼文化中期,年代在距今8000-7500年间。兴隆洼文化的年代处于探讨农业起源的较早阶段,第一地点出土的炭化粟和黍在形态特征上所表现出的原始特性,为栽培作物在当地栽培提供了可能。如果兴隆沟第一地点出土的炭化粟和黍是在当地栽培的,那么遗址所在的辽西地区就应该是黍和粟的起源地或起源地之一。

兴隆沟遗址所在的辽西地区位于衔接蒙古高原、东北平原和华北平原的三角地带,是一处典型的生态过渡区域。兴隆沟遗址所在的辽西东南部属于黄土丘陵地区,在气候植被上处在华北暖温带落叶阔叶林区向松辽平原草甸草原区过渡地带,当地的生态环境十分脆弱,气候干旱,土壤层薄,沙化严重,植被容易遭受破坏。地理条件、气候环境指示,这一地区具有明显的过渡性和脆弱性的特点。生态环境的过渡性为人类开发和选择更为广泛的食物资源种类提供了条件,生态环境的脆弱性给人类选择食物种类的趋向造成了一定的压力。在这两种因素的交织影响下,某些原本不受人喜爱、籽粒细小但产量较高的草本植物就有可能成为当地古人的食物选择,并在人类行为的影响下最终进化为栽培农作物[3]。由此推测,兴隆沟遗址所处的生态环境具备了作为栽培作物起源地的条件。

分析遗址出土的炭化植物遗存,单纯从绝对数量上进行统计与研究会产生误差或造成错误的引导。这就需要在分析过程中采用出土概率统计方法来进行量化分析。

从兴隆沟第一地点农作物出土概率来看(图2-9),炭化黍的出土概率远远高于炭化粟的出土概率。从理论上讲,出土概率高的植物是与人类生活关系最为密切的植物种类。这种植物的出土概率较高,说明它被带回居住地的可能性大、利用率高。据此,我们认为黍与粟相比,前者在兴隆沟先民日常生产中所占比重较高。

---

〔1〕 黄其煦:《“灰像法”在考古学中的应用》,《考古》1982年第4期,第418-420页。

〔2〕 赵志军:《从兴隆沟遗址浮选结果谈中国北方旱作农业起源问题》,载南京师范大学文博系编《东亚古物(A卷)》,北京:文物出版社,2004年,第187-199页。

〔3〕 赵志军:《从兴隆沟遗址浮选结果谈中国北方旱作农业起源问题》,载南京师范大学文博系编《东亚古物(A卷)》,北京:文物出版社,2004年,第187-199页。

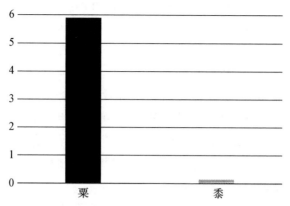

图 2－9　兴隆沟遗址第一地点农作物出土概率(%)

　　兴隆沟遗址所在的辽西地区的生态环境具有过渡性与脆弱性,这既是栽培作物起源的前提,又是制约农作物生长的不利因素。辽西地区年均温 6 - 7℃,≥10℃积温 3000 - 3200℃,无霜期 150 - 160 天。年降水量 300 - 450 毫米,与周边地区相比,降水量较低。由于这些不利因素的存在,兴隆沟先民在漫长的农作物驯化与栽培过程中,要选择耐旱、耐瘠薄、抗逆性强的植物作为农作物进行种植。黍具备了上述条件,可以充分利用短暂的雨季,完成生长发育,并获得相当可观的产量。所以,第一地点炭化黍的绝对数量和出土概率远远高于炭化粟。

二、炭化植物种子与人类经济生活的关系

　　维持人类正常的生理活动需要一定数量的碳水化合物、蛋白质、矿物质和其他营养物质,谷物和块根类粮食是目前人类所需碳水化合物的主要来源。但是在尚未出现定耕农业之前,人类社会主要通过利用野生植物获取淀粉和其他碳水化合物。人类对野生植物的利用可以分为两种方式,即直接采集利用野生状态的植物资源,以及将可以作为粮食代用品的野生植物作为栽培作物引种驯化,从而发展成为栽培作物。采集的野生植物在植物驯化与栽培的早期阶段是远古先民的"生命支撑物种",不但可以降低饥荒年份的风险,而且可以作为平常年份的主粮补充,对于很多产量高的新品种尚未完全适应当地环境和栽培技术的地区的食物安全保障至关重要。

　　在第一地点出土的炭化植物遗存中,除了炭化粟和黍两种农作物以外,还有数量可观的豆科、藜科、苋科、唇形科、菊科以及蔷薇科植物种子。这些植物种子主要分为两大类:一类是与当时的农耕生产活动直接或间接相关的,如狗尾草、

藜、青葙、黄芪、水棘针、黄花蒿、百里香等植物种子,这些植物多属田间杂草,伴随着农作物的收割,被无意识带回遗址中;另一类应该是与当时的采集活动有关,例如野葡萄、野山楂和硬果壳核类,在对植物遗存的生长习性和综合利用进行分析时已经提到,这些植物在当时应该属于野生的,是当时采集活动的收获物。

在可食用植物遗存中,藜和青葙无论是从绝对数量还是出土概率来看,所占比值都较其他植物种子较高,说明藜和青葙在兴隆沟先民生活中占有重要地位。藜和青葙虽然都是典型的田间杂草,但是藜和青葙还有其他功用。藜,俗名灰灰菜,早在春秋战国时期,藜已经成为重要蔬食,《韩非子》曰:"尧之王天下也……粝粢之食,藜藿之羹。"《庄子》:"孔子穷于陈蔡之间,七日不火食,藜羹不糁,颜色甚惫,而弦歌于室。"《诗经·小雅·南山有台》:"南山有台,北山有莱。"朱熹注云:"莱,草名。叶香可食者也。"陆玑疏:"莱即藜也。"《救荒本草》:"灰菜生田野中,处处有之。苗高二、三尺。茎有紫红线楞。叶有灰脖,结青子,成穗者甘,散穗者微苦。生墙下、树下者,不可用。""采苗叶焯熟,水浸淘净,去灰气,油盐调食。晒干煠食尤佳。穗成熟时,采子捣为米,磨面作饼蒸食,皆可。"[1]青葙,俗称鸡冠菜,《救荒本草》载:"生田野中。苗高尺余。叶似青荚菜叶而窄小;又似山菜叶而窄,稍间出穗,似兔儿尾穗,却微细小。开粉红花,结实如苋菜子。苗叶味苦。采苗叶煠熟,水浸淘去苦气,油盐调食。"[2]从文献记载看,藜和青葙虽然是野菜,但是在灾荒之年,却作为救荒植物一直在利用。即使是现在,藜和青葙仍然被人们采食。人们采集藜和青葙的幼苗与嫩茎叶,用沸水焯后换清水浸泡,炒食、炖、凉拌或做汤。

通过对可食性植物绝对数量和出土概率(图2-10)以及文献记载的综合分析,兴隆沟先民在日常生活中食用的植物类食物既有粟和黍为代表的农作物,又有大量采集获取的野生植物资源,例如以藜和青葙为代表的利用茎叶作为食物的野生草本植物和以野葡萄、野山楂、蒙古栎为代表的坚果类植物。

三、杂草类种子与农业耕作方式的关系

杂草是植物俗称,而不是一个植物学名。因而,长期以来,不同地区、社会和

---

[1] (明)朱橚撰,倪根金校注,张翠君参注:《救荒本草校注》,北京:中国农业出版社,2008年,第378页。

[2] (明)朱橚撰,倪根金校注,张翠君参注:《救荒本草校注》,北京:中国农业出版社,2008年,第62、63页。

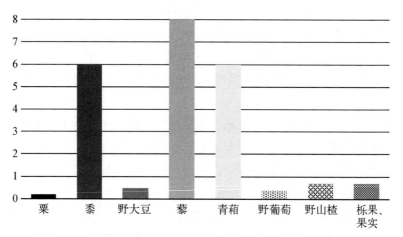

图 2 - 10　兴隆沟遗址第一地点出土可食用植物种类出土概率(%)

民族对杂草常有不同的定义。杂草的主要特点在于对扰动过的环境的生态适应性强。杂草与作物一样适应人造环境而存在,但人类为了获得食物鼓励作物生长而设法去除杂草。另一方面,因为二者都适应人造环境,所以那些有利于作物生长的措施通常对杂草的生长也起到了促进的作用。它们常在农田出现,和人类生活有着千丝万缕的联系。同时它们的生长地域又不仅限于农田,在人类扰动过的任何地方,都可能生长着杂草。那些常见的农田杂草由于长期的自然选择和强大的人工选择,形成一系列典型的生物学特性,可塑性强,适应性广,被称为典型杂草。部分杂草是特定农作物的伴生植物,它们通常会与栽培作物或者作物的野生种杂交,这种杂交最终可能有利于农作物的进化,同时也使这些杂草更为持久地适应不断变化的环境。

　　第一地点出土的炭化植物种子中,有大量的可归属杂草的种子。比如,藜、青葙、水棘针、百里香等种子,大多出在房址的活动面或者灰坑里。杂草是伴随着人类的出现形成的、依附于人类的生产和生活而存在于某种人工生态环境的一类特殊植物。一定意义上,考古遗址中所出杂草的多寡,能够反映出当时的农耕生产活动状况。如,在第一地点房址、灰坑内出土藜的种子的遗迹单位,也是出土炭化黍较多的遗迹单位。由此推论,第一地点出土的藜的种子应该与当时的农耕生产状况有关,可能属于田间杂草,伴随着农作物的收获被带入并埋藏在遗址中。从藜、青葙与黍的出土概率来看,藜和青葙、百里香、水棘针等杂草是在兴隆沟先民收割过程中随作物被带到居址中的。这说明,当时的田间杂草与农作物伴生,人们没有意识到去除杂草能够提高农作物的产量;这也说明兴隆沟先民所从事的农业种植是粗放的,农业经济在当时还处于早期发展阶段。

　　经过科学地采样和系统地浮选,在兴隆沟遗址第一地点获得了比较丰富的炭化植物遗存。其中包括处于早期栽培阶段的粟和黍为代表的农作物遗存,采集获得的野葡萄、野山楂、蒙古栎等可食用野生植物遗存,狗尾草、水棘针、百里香、藜和青葙等田间杂草类植物遗存。通过对这些浮选出土的植物遗存进行绝对数量与出土概率的统计等量化分析,我们认为兴隆沟先民在距今8000年前已经开始种植粟和黍,但是从粟和黍的形态特征来看,还处于早期驯化与栽培阶段,为探寻旱作农业起源提供了科学的研究资料。

　　在兴隆沟遗址发掘过程中,日本国立历史民俗博物馆西本丰弘教授的工作室承担了遗址出土动物骨骼的鉴定工作,对2座房址中遗留下的动物骨骼进行了鉴定。其中,以马鹿、獐和野猪的骨骼为多,貉的下颌骨发现有1件。在过去的发掘资料中还发现有似水牛的肩胛骨和头骨碎片[1]。从动物群的构成来看,遗址的周围过去应是广袤的森林,附近还有湖泊,马鹿、獐、水牛等应是当时人类狩猎的对象。综合来看,兴隆沟先民的经济生活的主体应该是采集渔猎经济。

---

[1]　[日]西本丰弘:《兴隆沟遗址体现出的家畜饲养的可能性及狩猎活动》,载中国社会科学院考古研究所、日本·中国史前文化遗址共同研究实行委员会编著《中日共同研究中国东北地区新石器文化和列岛绳纹文化的比较Ⅰ》,2003年,第111页。

第三章 南湾子北遗址
浮选植物种子

第一节 遗址背景

南湾子北遗址位于羊肠子河北岸的黄土台塬前缘缓坡上,南距羊肠子河约100米,坐标为北纬42°40′43.96″,东经118°37′48.8″,海拔910米。

遗址地层堆积较为简单,房址及灰坑均开口于①层下,打破生土。房址为圆角方形半地穴式,近正南北向,大致可分5排。房址总体保存状况较好,堆积最厚处保留约0.8米,直壁平底,面积在10－50平方米之间。房址内均发现灶址,大部分为石板灶,平面形状可见圆形与方形,F1、F3发现保存完好的门道。房址活动面保存较好,可见烧烤面及生土踩踏面两种,加工考究。大部分房址内部东、西、南三侧发现高约3－5厘米的土棱,将活动面分为居住和储存加工两区,居住区内摆放器物较少,绝大部分器物放置于土棱之外。房址内外发现柱洞不多,个别房址仅在土棱之上发现少量几个。F2石板灶北侧放置石人像两具,初步判断为一男一女,女性石像的眼部、嘴部放有蚌壳做成的眼睛及牙齿。F3东北角土棱内部,堆放有大量动物骨骼,初步鉴定为猪、鹿和牛骨骼。

兴隆洼文化时期灰坑共4座,集中分布于F1南侧。平面形状为圆形,近直壁圜底,出土物很少,H1－H3出土石球各1件,H11仅出土少量陶片。小河沿文化时期除H7为袋形坑外,其余灰坑皆近直壁平底,包含物仅见少量陶片。

本次发掘所获器物主要为陶器和石器,绝大部分出土于房址内。陶器主要为夹砂陶,器形可见筒形罐、陶杯、陶盅、陶钵等,陶色以红褐、黄褐为主,绝大多数陶胎较厚,器身颜色斑驳,烧制火候不高。石器有大量的磨盘、磨棒、饼形器、圆窝石器,另有少量的石铲、环状石器等,多为打制与琢制而成,通体磨光器较少,仅有少量石斧、石锛。F1东南侧发现桦树皮罐1件。另有少量骨角器,如骨管、角锥等。

南湾子北遗址揭露了兴隆洼文化晚期的一处小型聚落,属白音长汗类型,器物特征多属兴隆洼文化晚期,少量可到兴隆洼文化中期。本次发掘丰富了兴隆洼文化的内涵,尤其是保存完好的土棱状结构房址,为研究兴隆洼文化时期的房址加工方式提供了重要的资料。

根据南湾子北遗址的埋藏特点,我们为浮选采样工作初步设定了目标:一是根据《植物考古学专题》课程需要,科学系统地获取遗址中埋藏的古代植物遗存;二是通过对出土植物遗存,特别是农作物遗存的鉴定和量化分析,判断南湾子北史前先民的生业方式,从而深入了解兴隆洼文化晚期的经济形态。

南湾子北遗址采用的采样方法主要是针对性采样法,采样工作是由赤峰学院2014级考古学本科、2014级文物鉴定与修复专科和2015级文物与博物馆专业硕士研究生在指导教师的具体指导下完成的。针对性采样法是针对出土性质比较明确的各种遗迹单位,如房址、灰坑等,在发掘过程中及时采集数量相对固定的土样作为浮选样品,在南湾子北遗址先后采集浮选样品50份,土量总量为353升。

采集到的土样在赤峰学院植物考古学实验室进行了浮选,使用的浮选设备是水波浮选仪,收取炭化植物遗存的分样筛规格是80目(筛网孔径0.2毫米)。

浮选结果阴干后在赤峰学院植物考古学实验室进行了分类、植物种属鉴定与量化分析(后文敖东遗址第二地点的情况同样如此)。

通过实验室整理和种属鉴定,从南湾子北遗址浮选出土的可鉴定植物遗存包括炭化木屑和炭化植物种子两大类。

第二节　炭　化　木　屑

炭化木屑是指植物组织不完全燃烧(或高温分解)而产生的黑色、不透明无机碳化合物,常保留有炭化的植物组织结构。其主要来源应该是未燃尽的燃料,或遭到焚烧的建筑木材以及其他用途的木料等。炭化木屑本身具有很多其他古环境指标所不具有的特点,它的独特性决定了其在古生态、古植被、古气候和古人类活动研究中的重要地位。南湾子北遗址浮选出土的炭化木屑大多十分细碎,但通过显微镜观察,木屑的细胞结构如导管、筛管和纤维等清晰可见。

第三节　植　物　种　子

50份样品中共出土各种植物种子264粒,其中属于农作物的黍有11粒。其他非农作物植物遗存有藜科的藜,菊科的大籽蒿,蓼科的酸模,唇形科的紫苏,葡萄科的野葡萄以及部分未知植物种子。

表 3 - 1　南湾子北遗址浮选出土植物种子统计表

植物种属			绝对数量	数量百分比(%)
农作物	禾本科	黍	11	4.17
其他植物种子	藜科	藜	62	23.48
	菊科	大籽蒿	182	68.94
	蓼科	酸模	1	0.38
	唇形科	紫苏	2	0.76
	葡萄科	野葡萄	1	0.38
未知			5	1.89
合计			264	100

一、农作物种子

黍(*Panicum miliaceum*)

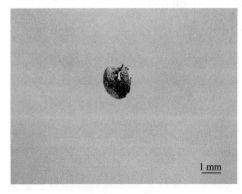

1 mm

图 3 - 1　黍种子

　　南湾子北遗址出土的农作物遗存只有炭化黍粒(图 3 - 1),共 11粒,占出土植物种子总数的 4.17%。炭化黍粒的形状与现代黍粒相比,略有不同,现代黍粒呈圆球形,我们对南湾子北遗址出土炭化黍进行测量,黍粒平均长 1.59 毫米、宽 1.43毫米、厚1.25 毫米,表面较为粗糙,胚部爆裂呈"V"状。

二、其他植物种子

　　除了农作物种子之外,南湾子北遗址还出土有数量可观的非农作物植物遗存。下面分别予以介绍。

藜(*Chenopodium album*)

　　南湾子北遗址出土的藜(图 3 - 2)共 62 粒,占所有植物种子总数的23.48%。整体呈扁圆形,两面呈凸透镜或双凸透镜状,表面有光泽,顶部呈圆形,基部突出,有凹口,胚部呈环形,直径 1.2 - 1.5 毫米。

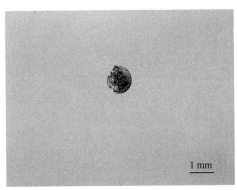

图 3-2 藜种子

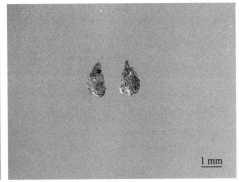

图 3-3 大籽蒿种子

大籽蒿(*Artemisia sieversiana*)

南湾子北遗址出土的大籽蒿(图 3-3)共 182 粒,占所有植物种子总数的 68.94%。

大籽蒿,亦称"白蒿",属菊科蒿属,一年生草本植物。瘦果倒卵形,向基部渐尖,常于中部稍弯曲。横切面椭圆形。长 1.2-1.8 毫米,宽和厚 0.4-0.8 毫米。表面灰褐色、红褐色或黄褐色,通过膜质果皮常透出黑色斑,带有银灰色光泽;果皮膜质,有细纵沟。顶部宽,呈圆头状,常向腹面一侧偏斜,花柱残留物仅为一白色圆点。果脐小、圆形,黄白色,边缘围成小圆筒状[1]。大籽蒿在我国大部分地区都有分布。多生长于田边、路旁、山坡、沙质河岸和村落附近。《野菜博录》记载,"生荒野中。苗高二三尺。叶如细丝,似初生松针,色微青白,稍似艾香。味微辣。采嫩苗叶爆熟,换水浸淘净,油盐调食"[2]。大籽蒿抗寒性强,花序和嫩枝可以喂养牲畜。种子油可供食用,油味很香。全草和花蕾可作药用,具消炎止痛、清热解毒、祛风功效。

野葡萄(*Vitis bryoniifolia*)

南湾子北遗址出土野葡萄(图 3-4)种子 1 粒,占出土植物种子总数的 0.38%,直径约 5 毫米。

南湾子北出土野葡萄种子数量

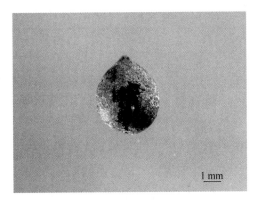

图 3-4 野葡萄种子

〔1〕 中国科学院植物研究所植物园种子组、形态室比较形态组编:《杂草种子图说》,北京:科学出版社,1980 年,第 209 页。
〔2〕 (明)鲍山编,王承略点校、解说:《野菜博录》,济南:山东画报出版社,2007 年,第 81 页。

偏少,推测应该是当时人们采集用于食用。

第四节 植物遗存统计分析

一、炭化木屑所反映的问题

南湾子北遗址 50 份浮选样品所含大于 1 毫米的炭化木屑总量为 376.2507 克,平均每份样品含炭化木屑 7.53 克。但 F3 中的一份浮选样品中含有 213 克炭化木屑,为使浮选结果的统计数据更具科学性,我们具体量化了每个遗迹单位样品所含炭屑的均量,并进行了等量换算(表 3-2)。

表 3-2 南湾子北遗址各遗迹单位浮选样品所含炭化木屑的平均含量

遗迹单位	样品数量	炭化木屑平均含量(克/10升)	遗迹单位	样品数量	炭化木屑平均含量(克/10升)
F1	7	10.77	F4	4	9.67
F1 陶罐	1	0.043	F4 陶罐	1	0.071
F1 柱洞	1	0.31	F4 柱洞	1	0.017
F2	4	0.002	F6	2	0.04
F2 灶	2	0.0005	F7	6	0.367
F3	5	84.01	F8	1	0
F3 灶	1	0	F9	5	0.039
F5	6	0.083	F9 灶	1	0.007
F5 灶	1	0.014	H4	1	0.007

从表 3-2 可以看出,F1、F3 和 F4 浮选样品所含炭化木屑的均量不仅高于灰坑土样,而且明显高于灶址土样。古人如果利用木柴作为主要燃料,浮选样品中的炭屑含量自然会偏高;而古人如果利用谷物秸秆或者干草作为燃料,浮选样品中炭屑的含量反而会偏低。南湾子北遗址五份采自灶的浮选样品的结果所表现的是后一种情况,由此分析,南湾子北遗址的先民很可能是以干草或秸秆作为燃料。

更为巧合的是通过表 3-2 可以发现,只有 F1、F3 和 F4 浮选出炭化农作物黍的种子,这一现象清楚地说明此三处房址中存在作物黍和均值较高的炭化木屑之间是有关联的。如前所述,炭屑的主要来源应该是未燃尽的燃料,或是遭到焚烧的建筑木材以及其他用途的木料等,很明显后者的可能性较大。这一情况是否能够说明当时人们来不及从不慎焚烧起来的住所中取出储备起来的粮食,进而导致木结构的房屋和粮食一起焚为灰烬? 这是一个值得继续探讨的问题。

二、炭化植物种子与人类经济生活的关系

南湾子北遗址出土的农作物遗存只有 11 颗炭化黍粒(表 3-3),平均长 1.59 毫米,宽 1.43 毫米,长宽比为 1.11,胚部爆裂呈"V"状;而普通黍属野生植物种子呈长扁圆形,长度多小于 1 毫米,质地坚硬,胚部经过烧烤基本不见爆裂,所以此次浮选出土的黍粒属于栽培作物。

表 3-3　南湾子北遗址出土炭化种子统计表

遗迹单位	黍	藜	大籽蒿	酸模	紫苏	野葡萄	未知
F1	1	17	149		1	1	4
F1 陶罐	2	8	2		1		
F3	6						
F4	2	5					1
F4 陶罐		2					
F5		8	14				
F6		22					
F7			1				
F9			16	1			
合计	11	62	182	1	2	1	5

南湾子北遗址出土的炭化黍虽然已经属于栽培品种,但从粒形和尺寸上看仍保留了较为浓厚的野生祖本的特征,应属于栽培作物进化过程中的初期品种,与属于红山文化的魏家窝铺遗址浮选出土的炭化黍对比即可证实这一点。黍类谷物在漫长的栽培进化过程中,其籽粒的演化趋势应该是逐渐地由小变大、由长变圆、由瘪变丰满[1]。与直线距离相距不足二百千米、属于兴隆洼文化中期的兴隆沟第一地点浮选出土的炭化黍对比,虽然在尺寸上没有表现出明显的进步特征,但长宽比有所下降,可见南湾子北遗址的炭化黍正逐渐向丰满程度发展(表 3-4)。

─────────

[1]　赵志军:《探寻中国北方旱作农业起源的新线索》,《中国文物报》2004 年 11 月 12 日,第 7 版。

表 3-4　三处遗址浮选出土炭化黍和粟的特征统计表

遗址	黍						粟				
	绝对数量	数量百分比（%）	出土概率（%）	平均粒长（毫米）	平均粒宽（毫米）	平均粒厚（毫米）	绝对数量	数量百分比（%）	出土概率（%）	平均粒长（毫米）	平均粒宽（毫米）
兴隆沟第一地点	985	40.37	—	1.53	1.12	—	41	1.68	—	1.35	1.27
南湾子北遗址	11	4.17	14	1.59	1.43	1.25	—	—	—	—	—
魏家窝铺遗址	18	18	7	1.8	1.6	1.6	33	33	7	1.2	1.2

　　南湾子北遗址的浮选结果有一个耐人寻味的现象,即只浮选出炭化作物黍的遗存,并没有发现任何炭化粟粒的遗存。但在兴隆沟第一地点的浮选结果中同时发现了籽粒形态保留原始特性的栽培作物黍和粟的炭化颗粒,赵志军先生曾精辟地论证兴隆沟第一地点所处西辽河上游地区的大环境和微环境决定了西辽河上游地区很有可能是粟类作物的起源地或起源地之一[1]。在时间维度上,南湾子北遗址属于兴隆洼文化晚期,比处于兴隆洼文化中期的兴隆沟第一地点晚近 400-500 年。在空间维度上,南湾子北遗址与兴隆沟第一地点不仅同处于辽西地区的山地地区,具有明显的生态过渡性和生态脆弱性;而且南湾子北遗址也像兴隆沟第一地点一样,坐落在山前坡地,浮选出土的杂草类植物种子在数量上占绝对优势,可见南湾子北遗址也同样有条件创造出利于栽培谷物生长的微环境。两处遗址在时空维度上有如此密切的关联性,再结合上文南湾子北遗址浮选出土的炭化黍粒比兴隆沟第一地点出土的黍粒有些许栽培特征,那么南湾子北遗址应该存在比兴隆沟第一地点出土的粟粒更具栽培特征的粟遗存。然而很遗憾,不仅在本次浮选中没有发现任何炭化粟的遗存,而且在之前我们对辽西地区属于兴隆洼文化时期的克什克腾旗瓦盆窑、翁牛特旗丁家窝铺、大洼子、四道杖房等遗址进行的剖面采样和浮选工

---

〔1〕　赵志军:《有关农业起源和文明起源的植物考古学研究》,载科技部社会发展科技司、国家文物局博物馆与社会文物司编《中华文明探源工程文集·技术与经济卷（Ⅰ）》,北京:科学出版社,2009 年,第 83 页。

作也是仅浮选出黍的炭化遗存[1],推测可能是遗址本身的埋藏量导致了这一现象。

南湾子北遗址 9 座房址总体保存状况较好,自然埋藏条件相对良好,采集的 50 份浮选土样覆盖性质比较明确的各种遗迹单位,平均每份浮选样品的土样约 7 升,所以因遗址保存状况较差和样品提取过程中造成的误差导致南湾子北遗址没有浮选出土炭化粟遗存的可能性微乎其微。

从兴隆沟遗址和南湾子北遗址的地理和海拔分布看,兴隆沟遗址位于赤峰南部地区,南湾子北遗址位于赤峰中偏北部,兴隆沟遗址的海拔在 400 米左右,而南湾子北遗址海拔高度达近千米,两处遗址的海拔高度对现今该地区农作物的选择和种植会产生一定的影响,对于北方旱作农业起源与发展的早期阶段,亦会产生重要影响。前文已论及,以兴隆沟遗址为代表的辽西地区很有可能就是粟类作物的起源地或起源地之一,虽然这不是最终结论,但也指明了该区域的重要性。兴隆沟遗址具体所处的牤牛河上游左岸山坡岗地在兴隆洼文化中期种植粟作物初期品种,粟作文化会沿着若干条传播路线逐渐向四周推进,而每一条传播路线又可以分为若干区段,每个区段的自然环境、文化传统会有若干差异,每个区段的先民对新生栽培作物又有不同的接受程度。虽然兴隆沟遗址距南湾子北遗址不足 200 千米的直线距离,但对 7000 多年前的先民来说这种一区段一区段接力棒式的传播过程亦会花费很长时间。在栽培粟作物出现之后的很长一段时期里,人类可能并不会意识到植物生物特征转变的真正意义所在而继续向下一区段传播,所以很可能到了兴隆洼晚期时段,栽培粟仍然没有传播到南湾子北遗址所处的羊肠子河北岸的黄土台塬地带。当然,也存在另外一种可能性,即南湾子北遗址并未处于向西传播路线的某个区段上,导致该遗址失去接种新作物的可能。但南湾子北遗址连同属于一个旗县的丁家窝铺、大洼子、四道杖房等遗址均没有发现炭化粟粒遗存,所以前者的可能性较大。

三、杂草类种子与农业耕作方式的关系

由于杂草本身的属性,即生长于人工生境中,与人类的日常生活关系密切,可以间接反映出人类的某些行为和活动。在南湾子北遗址浮选出土的炭化植物遗存除了炭化作物黍以外,还有一定数量可鉴定种属的其他植物种子,包括大籽蒿、藜、紫苏、酸模、野葡萄五种,其中大籽蒿和藜等杂草种子的数量最多。

---

〔1〕　孙永刚:《西辽河上游地区新石器时代至早期青铜时代植物遗存研究》,内蒙古师范大学博士学位论文,2014 年,第 112 页。

　　这些杂草类种子应该是和当时的采集活动有密切关系,其中大籽蒿、藜、酸模等植物在幼嫩阶段时苗、叶均可作为重要的补充食材,在干枯阶段还可调制成干草,用作饲料或燃料;野葡萄的抗寒性强,可作为越冬的补充食材,还能满足人们味蕾的需求。

　　在哈民忙哈遗址 F57 浮选出土了 80 多万颗炭化大籽蒿籽粒,而南湾子北遗址 F1 房址内浮选出了 149 颗炭化大籽蒿籽粒,此外 F1 陶罐内也浮选出了 2 粒炭化大籽蒿。可见当时人们对大籽蒿的需求应该已超越了嫩苗、叶的采摘阶段,而是直接对大籽蒿种子进行采集、利用。近年某些内蒙古地区的居民在荒年仍采集大籽蒿植物种子作为粮食的替代品[1],至于远古的先民是否在将大籽蒿种子作为口粮的同时也有某些文化传统隐藏其中,我们将继续关注这方面的出土材料和民族学证据。

　　南湾子北遗址植物浮选结果表明,在兴隆洼文化晚期阶段,作物黍仍然处于早期驯化和栽培阶段,但较兴隆洼文化中期的兴隆沟第一地点浮选出土的炭化黍粒有稍许栽培特征。与兴隆沟第一地点的情况相似,当时的经济生活应该主要依赖于采集狩猎。本次浮选没有发现任何炭化粟粒的遗存,可见南湾子北遗址的古代先民仅仅开始了十分有限的农业生产,基本与同处于辽西山地地区的兴隆沟第一地点的社会经济发展水平相当,尚处于农耕经济形成过程中的初始阶段。这使我们认识到农耕文化的横向传播或者纵向继承有时会表现出不均衡的特性;同时也使我们更加相信"农耕经济是由采集狩猎经济逐步地演变而成的,是一个量化过程,而不是一场革命"[2]。

---

〔1〕　裴盛基、淮虎银:《民族植物学》,上海:上海科学技术出版社,2007 年,第 72、73 页。
〔2〕　赵志军:《探寻中国北方旱作农业起源的新线索》,《中国文物报》2004 年 11 月 12 日,第 7 版。

第四章　敖东遗址第二地点
浮选植物种子

第一节　遗　址　背　景

敖东遗址第二地点位于内蒙古敖汉旗敖东村东约 2.5 华里的坡地上,是一处赵宝沟文化时期的居住址。第二地点布 5 米×5 米探方 18 个,10 米×10 米探方 8 个,发掘总面积为 1250 平方米,清理了灰沟 5 条,灰坑 4 个,房址 2 座,出土遗物包括陶器、石器、蚌器等。陶器质地分夹砂陶和泥质陶,器形主要为筒形罐、钵、碗等。石器大多为磨制,主要器类有磨盘、磨棒、石耜、斧、锄等。

为了认识敖东遗址先民的生业方式和食物结构的变化,在遗址发掘过程中,对不同遗迹单位采用针对性采样法进行系统采样,取样范围包括房址、灰坑、灰沟、灶址。共采集样品 42 份,土量总计 252 升,平均每份样品重约 6 升(表 4-1)。采集的样品分布于遗址的各个单位,基本上代表了此次发掘范围内的遗址埋藏情况。

表 4-1　敖东遗址第二地点各遗迹单位采集样品数量统计表

采样单位	房址	灰坑	灰沟	灶址	合计
数量(份)	16	11	14	1	42
重量(升)	96	66	85	5	252

通过实验室鉴定分析,敖东遗址浮选得到的炭化遗存主要包括炭化木屑和炭化植物种子两大类。

第二节　炭　化　木　屑

一般来讲,从遗址内获得的炭化木材若还保留一定的尺寸,我们可以通过组织结构对其进行种属鉴定,然而敖东遗址所出炭化木屑大多较为细碎,仅能在显微镜下观察到细微的导管、筛管和纤维的细胞结构,因此我们所做的仅是对其中直径大于 1 毫米的炭化木屑进行称重,并将其按单位进行等量换算。炭化木屑含量可以作为衡量整体炭化物质的标尺,如果炭化木屑含量低,样品中包含的其他炭化植物遗存数量相应就少;反之亦然[1]。结果显示,42 份浮选土样所含炭化木屑总重约 0.6788 克,每份土样若按 10 升土量计算,则样品所含的炭化木屑量平均不到 0.0269 克。

第三节　植物种子

在敖东遗址第二地点 42 份浮选土样中共发现炭化植物种子 17 粒(表 4 - 2),包括农作物种子粟和黍,共计 6 粒,以及杂草类植物种子藜、黄芩属、草木樨、大籽蒿等,共计 11 粒。

表 4 - 2　敖东遗址第二地点浮选出土炭化植物种子统计表

植物种属	绝对数量	数量百分比(%)
粟	1	5.88
黍	5	29.41
藜	8	47.07
黄芩属	1	5.88
草木樨	1	5.88
大籽蒿	1	5.88
合计	17	100

一、农作物种子

粟(*Setaria italica*)

敖东遗址第二地点出土粟 1 粒(图 4 - 1),占出土植物种子总数的5.88%。籽粒呈不规则圆形,表面光滑,背腹扁平,胚区较长,呈"U"形,大于整体的1/2,烧烤致其呈爆裂状。经测量长 1.337 厘米、宽 1.309 厘米、厚 1.41 厘米。

---

〔1〕 赵志军、方燕明:《河南登封王城岗遗址浮选结果及分析》,《考古》2007 年第 2 期,第 80 - 91 页。

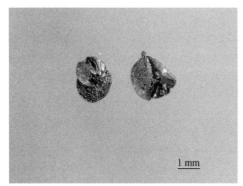

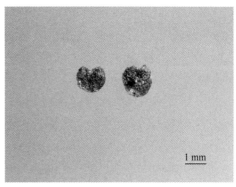

图 4 - 1　粟种子　　　　　　　　　　　图 4 - 2　黍种子

黍（*Panicum miliaceum*）

敖东遗址第二地点出土黍 5 粒（图 4 - 2），占出土植物种子总数的 29.41%，籽粒呈长圆形，背部鼓起，胚区较短，呈"V"状，小于整体的 1/2，尾部稍尖。经测量长 1.351 厘米、宽 1.352 厘米、厚 0.876 厘米。

二、其他植物种子

藜（*Chenopodium album*）

敖东遗址第二地点出土藜 8 粒，占出土植物种子总数的 47.07%。籽粒呈卵圆形，扁平，经测量径长 0.745 厘米。

黄芩属（*Scutellaria*）

敖东遗址第二地点出土黄芩属种子 1 粒，占出土植物种子总数的 5.88%。小坚果呈卵圆形或扁球形，有时背腹面明显分化，背面具瘤而腹面具刺状突起或无。

黄芩属，黄芩科黄芩属，多年生或一年生草本植物，半灌木，稀至灌木。喜温暖，耐严寒，生于山坡、山顶、路旁等向阳的地方。

草木樨（*Melilotus suaveolens*）

敖东遗址第二地点出土草木樨 1 粒（图 4 - 3），占出土植物种子总数的 5.88%。长 1.644 厘米、宽 1.102 厘米、厚 0.796 厘米。

草木樨，属于豆科草木樨属，二年生或一年生草本植物。荚果卵形或近球形，种子圆肾形，略扁，黄褐色。生于山坡、路旁、田边等。全草入药，具有清热解毒等功效。可用作饲草和绿肥以及保持土壤的植被。我国北部、华东、西南等地均有分布。

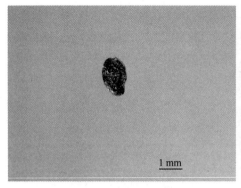

图 4-3 草木樨种子

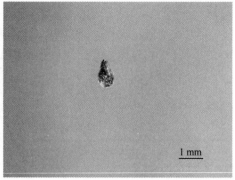

图 4-4 大籽蒿种子

大籽蒿（*Artemisia sieversiana*）

敖东遗址第二地点出土大籽蒿 1 粒（图 4-4），占出土植物种子总数的 5.88%。长 1.106 厘米、宽 0.684 厘米。

第四节　植物遗存统计分析

一、炭化木屑所反映的问题

敖东遗址浮选出来的炭化木屑不是十分丰富，其含量为平均每 10 升土样约 0.0269 克。其中炭化木屑含量较高的样品均来自房址，F1（0.176 克）和 F2（0.2279 克）的炭化木屑含量都高出平均值。一般来说，用作燃料的植物应该最有可能成为炭化植物遗存保存在遗址堆积中，然而炭化是植物在燃烧过程中的一种化学反应的结果，炭化植物的形成是由燃烧温度、燃烧时间的长短、燃烧环境中氧气的含量，以及被燃烧植物体积的大小和潮湿的程度等诸多因素所决定的。若是不具备燃烧条件，则植物无法炭化，但如果燃烧条件过于良好，使植物得以充分燃烧，其结果只能留下一堆灰烬，同样也无法形成炭化物[1]。敖东遗址各遗迹单位出土炭化木屑量总体偏低，仅与人类生活关系密切的房址中的含量较高；并未发现大块的未燃尽的炭化木料，仅仅是过于细碎的木屑；而且更为重要的炭化植物种子遗存也不是太丰富。这与人们对植物的利用程度相关，据此推断敖东先民应当合理地利用了植物的秸秆作为燃料。

---

〔1〕　赵志军、何驽：《陶寺城址 2002 年度浮选结果及分析》，《考古》2006 年第 5 期，第 77-86 页。

表 4－3　各遗迹单位浮选样品所含炭化木屑统计表

遗迹单位	样品数量	炭化木屑总量(克)	炭化木屑平均含量(克/10升)
F1	8	0.176	0.22
F2	8	0.2279	0.28
F2坑内	5	0.0434	0.087
H1	3	0.1028	0.34
H2	2	0.0035	0.02
H3	1	0.0199	0.199
G2	3	0.0061	0.02
G4	4	0.0241	0.06
G5	7	0.0112	0.016
Z1	1	0.0639	0.639

二、炭化植物种子与人类经济生活的关系

在敖东遗址浮选出土了粟和黍两种炭化农作物遗存,分别占出土炭化植物遗存的5.88%和29.41%。黍在绝对数量和所占比例上要远远高于粟,但单从绝对数量上进行统计分析可能会对结果造成一定误差,因此,对粟和黍的出土概率进行了量化分析。粟和黍的出土概率分别是2.38%和11.9%(图4－5),相较而言,炭化黍的出土概率要远高于粟。出土概率可以间接反映人们与植物的关系,出土概率越高则说明这类植物被人们带回居所的频率和利用率越高。

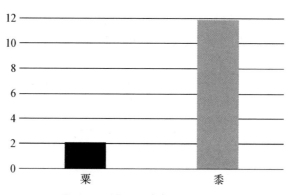

图 4－5　粟和黍的出土概率(%)

中国为粟作农业的起源地之一,粟后来成为北方旱作农业的代表作物,但其实在周以前的早期农业阶段,黍比粟更占据优势[1]。从现有的出土资料来看,敖汉兴隆洼遗址、兴隆沟第一地点[2]、哈民忙哈遗址[3]、二道井子遗址[4]等发现的大量农作物中均是以黍居多。敖东遗址属于赵宝沟文化时期,对比上个阶段的兴隆洼文化以及之后的红山文化、夏家店下层文化,其农作物出土情况在数量上仍然是黍占据主要地位。但总体来看敖东遗址的农业经济以粟和黍为主要农作物的这一特点应该是继承了辽西地区旱作农业经济的传统,当时的农业耕作技术还处于相对原始的耕作状态,并不是很发达。

三、杂草类种子与农业耕作方式的关系

作为田间杂草,最有可能的就是在人们收割农作物时混入其中而被带到遗址中。敖东遗址出土杂草植物种子 11 粒,包括藜科的藜、黄芩属、豆科的草木樨以及菊科的大籽蒿四种。其中藜在所有出土炭化植物种子中占比最高,约占炭化植物遗存的 47.06%,其余三种均占所有炭化植物种子遗存的 5.88%。藜,鲍山《野菜博录》云:"灰菜,生田野中。苗高二三尺。茎有红线楞。叶有灰葧,结青子成穗,性甘,微苦……采苗叶煠熟,水浸淘去灰气,油盐调食,或晒干煠食。穗熟时采子磨面作饼,蒸食。"[5]北方地区至今仍然采食藜这种野菜,或焯或蒸,食用方法与古人无异。藜在敖东遗址中所占比例最大,应该是当时先民生活中常备的食物之一,或是作为荒年的补充食物。其他三种杂草植物种子均为 1粒,仅凭借出土数量无法分析其使用规律,推测可能是被人们无意中混入农作物中带入遗址内的。

从出土的所有炭化植物遗存来看,整体绝对数量偏低,农作物和杂草种子总共才 17 粒,且杂草植物种子的占比远超农作物种子,可见农业在敖东先民生产、生活中并非占据主要地位。在 F2 东部有一个近圆形灰坑,直径约 1.52 米,深约1.2 米。这类灰坑在其他遗址中多用来圈养牲畜或防范野兽。根据遗址内出土的大量兽骨判断,敖东先民很有可能已经开始驯化家畜,作为其生活中的肉类食

---

〔1〕 高振声:《汉书累黍之争新探》,《农业考古》2016 年第 1 期,第 35 - 39 页。

〔2〕 孙永刚:《西辽河上游地区新石器时代至早期青铜时代植物遗存研究》,内蒙古师范大学博士学位论文,2014 年。

〔3〕 孙永刚、赵志军、吉平:《哈民忙哈史前聚落遗址出土植物遗存研究》,《华夏考古》2016 年第 2期,第 45 - 52 页。

〔4〕 孙永刚、赵志军、曹建恩等:《内蒙古二道井子遗址 2009 年度浮选结果分析报告》,《农业考古》2014 年第 6 期,第 1 - 9 页。

〔5〕 (明) 鲍山编,王承略点校、解说:《野菜博录》,济南:山东画报出版社,2007 年,第 295 页。

物来源。除此之外,遗址内出土了许多淡水蚌壳以及蚌饰,不难看出,在当时渔猎可能作为一种辅助性的经济手段。综上所述,通过出土的动物、植物遗存以及用于农业生产活动的石器等遗物的综合分析,我们大致可以看出敖东先民的生业方式应该是畜牧业和农业并存、并兼营渔猎,其中农业不甚发达,而渔猎仅是辅助性手段,同时采食野菜可能仅作为灾荒之年的一种补充性措施。

敖东遗址属首次对赵宝沟文化时期的遗址开展浮选工作,这为探讨赵宝沟文化时期的生业方式提供了珍贵的资料。

第五章　魏家窝铺遗址
浮选植物种子

第一节　遗　址　背　景

　　魏家窝铺遗址位于内蒙古赤峰市红山区文钟镇魏家窝铺村东北部的平缓台地上,遗址总面积约9.3万平方米,是一处保存较好、规模较大的红山文化时期聚落址(图5-1)。

图5-1　魏家窝铺遗址俯瞰[1]

　　2007年,红山区文物管理所与赤峰学院历史文化学院考古技术专业师生联合对红山区境内进行第三次文物普查。在普查过程中,发现该遗址,地表可见到成排分布的“灰土圈”和较为丰富的陶片、石器等。2008年,内蒙古文物考古研究所对该遗址进行了全面系统的勘探,笔者全程参与了此次勘探任务,对魏家窝铺遗址有了较为全面的了解。

---

〔1〕　塔拉、曹建恩、成璟瑭:《内蒙古赤峰魏家窝铺遗址2011年发掘成果》,《中国文物报》2012年2月10日,第4版。

2009-2012年,内蒙古文物考古研究所和吉林大学边疆考古研究中心组成联合考古队对魏家窝铺遗址进行了发掘。2009年度,"揭露面积约5000平方米,共发现房址28座,灰坑83座,灶址3座,墓葬2座,沟1条。房址皆为圆角长方形半地穴式,面积8-60平方米不等,门道在南侧,大部分为生土居住面,瓢形灶多位于房址中部。灰坑一般为圆形筒状,也有椭圆形的。出土陶器有筒形罐、红陶钵、几何纹彩陶钵、斜口器等,石器有耜、锄、斧、刀、磨盘、磨棒等"[1]。2010年度,"共发掘面积4000平方米,发现房址36座,灰坑62座,灰沟2条,灶4座。房址均为地穴或者半地穴式。平面形状呈圆角方形、梯形或平行四边形等。房址面积在10-50平方米不等。在聚落的布局上,发现了两条灰沟对其他遗迹呈环绕之势。两条灰沟均位于遗址的东侧。一条灰沟(G2)较宽,宽150-300厘米,深65-110厘米,在发掘区内揭露出约50米。另一条灰沟(G1)位于G2的东边,较窄,宽50-80厘米,深79-90厘米,在发掘区内的部分长约13.5米"[2]。在2010年的发掘区内,面积最大的房址为F18,F18朝向西南,面朝着一个小型的空场,其东、西和北边各发现数座西南向房址,以F18为中轴线东西向成排分布。2011年度的发掘区位于整个魏家窝铺遗址的东北部分,北邻2010年度发掘区,东部与南部为待发掘区。共布10米×10米探方42个,加上个别扩方区域,2011年度整体发掘面积为4204平方米。共确认房址39座,灰坑56座,灶址5座,灰沟2条。灰坑内出土了陶器、石器、蚌壳以及动物骨骼等。房址均为半地穴式,由于受到水土流失与现代农耕的破坏,这些房址残存高度不一,最浅的房址仅存踩踏面,高度为零;最深的房址残存高度大约为60-70厘米。从可以确认的房址平面形态来看,这些房址大部分呈方形或圆角方形,个别房址平面形态略呈梯形,直壁或斜直壁,地面基本平坦或略有起伏,绝大多数房址中央位置可以确认相互连接的灶坑与火道,基本与火道方向一致的房址壁上可以确认门道,门道大部分为斜坡状。房址内出土有大量陶器、石器、蚌壳以及动物骨骼等。

通过对魏家窝铺聚落遗址的发掘,揭示出几组具有分期意义的红山文化单位间的叠压、打破关系,从陶器群特征来看,魏家窝铺遗址的年代相当于红山文化早、中期,与白音长汗红山文化遗存的年代接近[3]。

---

〔1〕　内蒙古自治区第三次全国文物普查领导小组办公室:《内蒙古自治区第三次全国文物普查新发现》,北京:文物出版社,2011年,第19页。

〔2〕　段天璟、成璟瑭、曹建恩:《红山文化聚落遗址研究的重要发现——2010年赤峰魏家窝铺遗址考古发掘的收获与启示》,《吉林大学社会科学学报》2011年第4期,第18-21页。

〔3〕　段天璟、成璟瑭、曹建恩:《红山文化聚落遗址研究的重要发现——2010年赤峰魏家窝铺遗址考古发掘的收获与启示》,《吉林大学社会科学学报》2011年第4期,第18-21页。

　　为了解魏家窝铺遗址的植物遗存整体埋藏状况,并据此进一步探讨红山文化时期的经济形态以及当时的人地关系情况,在 2009 - 2010 年度、2012 年度的发掘过程中,笔者依照针对性采样法的原则和操作方法,选择了一些性质比较明确的遗迹单位,如房址、灰坑、灰沟等,作为采样点采集浮选土样,其中还包括一些比较特殊的遗迹现象,如某些器物内的存土或动物骨架下的堆土等。除此之外,我们还在一些探方的文化层或者隔梁上采集了土样。三年的发掘,先后共采集浮选土样 110 份,浮选的土量总计为 621 升,平均每份样品的土量在 6 升左右。

　　浮选土样的数量虽然不多,但是由于这些土样来自各种不同的遗迹单位,而且采样点在遗址的分布范围也比较广泛,具有很强的普遍性和代表性。因此我们认为从这些样品中所获得的炭化植物遗骸应该具有一定的代表性。

　　浮选设备是水波浮选仪,配备用于浮选的分样筛规格为 80 目(筛网孔径 0.2 毫米)。浮选样品阴干后,在赤峰学院考古学实验中心植物考古学实验室进行了分类与种属鉴定。

第二节　炭 化 木 屑

　　炭屑是植物有机体不完全燃烧的产物,它可以保存原来植物的某些结构,也可以是无结构的球形体。少量炭屑随着烟雾升空,而后随风传播,但大部分炭屑滞留原地。炭屑在沉积物中可以保存数千年甚至几万年不变,可以作为火灾历史的最好记录,因此炭屑被称为火的"化石"。而火的发生与当时当地的气候环境(如温度、湿度等)及人类活动密切相关[1]。通过炭屑的定量统计和形态分析等手段,可以恢复地质历史中火灾发生的频率、强度及其变化。对考古土壤中的炭屑的分析研究,可以反映当时当地植被、环境变化和人类活动。同时,依据考古遗址土壤中炭屑含量的变化趋势,可以推测人类是否大量利用柴草、大量砍伐森林和开垦农田等。随着小冰期的出现,气候寒冷,薪材需求量增加,同时冶炼业、制陶业、手工业和作坊兴起,需要大量柴草作为原料和燃料,会产生大量炭屑。炭屑的变化,不仅可以指示气候变化,还可以推断人口变动和经济发展状况,从而反映出研究区域人口数量和人类活动强度的变化。

　　该遗址浮选出土的炭化木屑大多十分细碎,但是也有部分较大的碎块,可以

─────────────

〔1〕　谢树成、殷鸿福、史晓颖等:《地球生物学——生命与地球环境的相互作用和协同演化》,北京:科学出版社,2011 年,第 320 页。

送交专门从事木材鉴定与环境考古的专家进行分析。

我们所做的是对出土的炭化木屑作为统一的类别进行量化分析,具体做法是,利用标准分样筛将每份样品中大于 1 毫米的炭化木屑拣选出来,并称重计量,然后以样品为单位进行等量换算,以寻找具有某种文化意义的现象或规律。

魏家窝铺遗址 110 份样品所含炭化木屑的总量为 17.98 克,平均每份样品含炭化木屑仅 0.16 克。这里需要说明的是,2009 年的浮选土量的平均值是3.8 升,平均所含炭化木屑的重量仅为 0.075 克[1]。2010 年的浮选土量有所增加,平均值约为 5.8 升,所以 2010 年度通过分样筛筛选,共获得炭化木屑总量17.325 升。平均每升土所含炭化木屑 0.47 克,较 2009 年有了大幅度的增加。看似是土量的增加致使炭化木屑的量增加,其实不然,在 2010 年的浮选过程中,F36 所获炭化木屑为 7.868 克,占 2010 年度炭化木屑总量的45%。如果除去 F36 所获炭化木屑,2010 年度其他遗迹单位获得炭化木屑的总量为9.457 克,平均每升土所含炭化木屑仅为 0.08 克,这一数字基本上与 2009 年度平均所含炭化木屑值相一致。

2009 年的采样有部分土样来自房址内的灶坑。一般认为,既然炭化植物遗骸在埋藏前必须被火烧过,那些与火有关的遗迹如火塘和灶坑等似乎就应该是炭化植物遗骸的最佳出土地点。实际情况却不尽如此,炭实际上是一种燃烧不完全的物质,经过反复燃烧就会化为灰烬,火塘或灶坑留下的往往是一些难以燃尽的大块的炭化木材等,而那些更为重要的植物遗存如各种植物的籽实可能经过火的间断或不间断的燃烧,早已爆裂或者荡然无存。有鉴于此,2012 年我们对一些遗迹现象明显的房址、灰坑进行了采样,避开了灶坑和火塘,同时采集的土量也提高了一倍。但是,很遗憾的是,2012 年的浮选结果并没有出现我们预想中的大量的炭化植物遗骸。

第三节　植　物　种　子

在魏家窝铺遗址 110 份浮选样品中共发现了 100 粒各种炭化植物种子(表5-1)。这些出土的炭化植物种子数量不多,作为农作物的粟、黍总数为 51 粒,占所有出土炭化植物种子总数的 51%。其他可鉴定的有禾本科、藜科、豆科、唇形科等常见的植物种子。

---

[1] 孙永刚、曹建恩、井中伟、赵志军:《魏家窝铺遗址 2009 年度植物浮选结果分析》,《北方文物》2012 年第 1 期,第 37-40 页。

表 5-1　魏家窝铺遗址浮选出土植物种子统计表

植物种属	绝对数量	数量百分比(%)
粟	33	33
黍	18	18
狗尾草属	24	24
猪毛菜属	1	1
藜属	13	13
黄芪	9	9
紫苏	1	1
果实残块	1	1
合计	100	100

一、农作物种子

在魏家窝铺遗址浮选出土的农作物籽粒中,炭化粟的数量为 33 粒,约占出土农作物籽粒总数的 64.7%,占出土植物种子总数的 33%。这些炭化粟粒均呈近圆球状,直径多在 1.2 毫米左右,粟粒的表面较光滑,胚部较长,因烧烤而爆裂呈凹口状(图 5-2)。

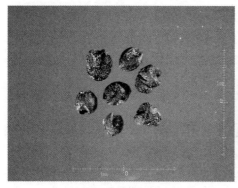
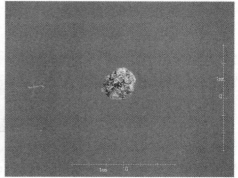

图 5-2　粟种子　　　　　　　　　　　图 5-3　黍种子

魏家窝铺遗址出土的炭化黍粒的数量为 18 粒,约占出土农作物籽粒总数的 35.3%,占出土植物种子总数的 18%。这些炭化黍粒的形状也是近圆球状,但个体相对炭化粟粒较大,籽粒长度多在 1.8 毫米,宽度和厚度多在 1.6 毫米。表面较粗糙,胚区较短,爆裂后呈"V"状(图 5-3)。

二、其他植物种子

魏家窝铺遗址浮选出土的非农作物植物遗存数量共计 48 粒。其中以禾本科、藜科和豆科植物种子数量相对较多。

狗尾草(*Setaria viridis*)

出土禾本科植物种子 24 粒,占出土植物种子的 24%。这些禾本科种子主要是狗尾草属(*Setaira*)种子狗尾草。

狗尾草适应性强,在中国有广泛的分布。种子发芽适宜温度为 15 - 30℃。种子出土适宜深度为 2 - 5 厘米,土壤深层未发芽的种子可存活 10 年以上。中国北方 4 - 5 月出苗,以后随浇水或降雨还会出现出苗高峰;6 - 9 月为花果期。一株可结上千至数千粒种子。种子借风、灌溉浇水及收获物进行传播。种子经越冬休眠后萌发。适生性强,耐旱耐贫瘠,酸性或碱性土壤均可生长。《救荒本草》记载,莠草子(王作宾认为是禾本科狗尾草属植物狗尾草)"生田野中。苗叶似谷,而叶微瘦。稍间结莠细毛穗。其子比谷细小,舂米类折米。熟时即收,不收即落。味微苦,性温。采莠穗,揉取子捣米,作粥或作水饭,皆可食"[1]。

通过对形态细部特征的观察,魏家窝铺遗址出土的这些狗尾草植物种子,均呈扁椭圆形,背部略鼓,腹部扁平,尺寸较小,平均长约 1.52 毫米。

藜(*Chenopodium album*)

出土藜科植物种子 14 粒,占出土植物种子总数的 14%,经鉴定,其中包括藜属(*Chenopodium*)种子 13 粒、猪毛菜属猪毛菜种子(*Salsola collina*)1 粒。

在古代文献《救荒本草》《野菜博录》中多见关于藜的记载,并详细介绍了采集、食用方法。调查资料显示,现在一些地区仍在食用藜类植物,主要是春、夏季采嫩茎叶,先用开水烫过,再用清水泡数小时后炒食或做汤。榨油用的种子在果实收获成熟后,割取全株晒干,收取种子,去杂,放干燥通风处备用。

猪毛菜(*Salsola collina*)

猪毛菜,亦称"扎蓬棵""山叉明棵",藜科猪毛菜属,一年生草本植物。高达 1 米,茎近直立,通常基部多分枝。叶条状圆柱形,肉质,长 2 - 5 厘米,宽 0.5 - 1 毫米,先端具小刺尖,基部稍扩展下延,深绿色或有时带红色,光滑无毛或疏生短糙硬毛。穗状花序,小苞叶,狭披针形,先端具刺尖,边缘膜质。胞果倒卵形,果

---

〔1〕 （明）朱橚撰,倪根金校注,张翠君参注:《救荒本草校注》,北京:中国农业出版社,2008 年,第 172、173 页。

皮膜质;种子倒卵形[1]。

猪毛菜5月开始返青,7-8月开花,8-9月果熟。果熟后,植株干枯,于茎基部折断。嫩茎叶加工后可以食用。种子可榨油,供食用;也可酿酒。果期全草可为药用,治疗高血压,效果良好。同时,猪毛菜还是中等品质饲料。幼嫩茎叶,羊少量采食。6-7月割取全草,切碎可生喂猪、禽,也可发酵饲用。

猪毛菜适应性、再生性及抗逆性均强,为耐旱、耐碱植物,有时成群丛生于田野路旁、沟边、荒地、沙丘或盐碱化沙质地,为常见的田间杂草。

主要分布在我国东北、华北、西北、西南、河南、山东、江苏、西藏等地,朝鲜、蒙古、巴基斯坦、中亚、俄罗斯等国家、地区均有分布。

黄芪(*Astragalus membranaceus*)

在魏家窝铺遗址中浮选出豆科种子9粒,占所有出土植物种子总数的9%。通过对细部特征的观察,这些豆科植物种子全部是黄芪属黄芪。

黄芪亦作“黄耆”,主要生长于盐碱地、沙质地、砾石沙地及山坡上。喜凉爽,耐寒耐旱,怕热怕涝,适宜在土层深厚、富含腐殖质、透水力强的沙壤土种植,强盐碱地不宜种植。黄芪的根垂直生长可达1米以上,俗称“鞭竿芪”。土层薄,根多横生,分支多,呈“鸡爪形”。

黄芪的幼苗可以采食,《救荒本草》记载,“黄芪,一名戴糁,一名戴椹,一名独椹,一名芰草,一名蜀脂,一名百本,一名王孙。……今处处有之。根长二、三尺。独茎,丛生枝干。……采嫩苗煠熟,换水浸淘,洗去苦味,油盐调食。药中补益,呼为羊肉”[2]。

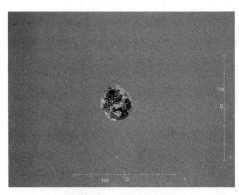

图5-4　紫苏种子

紫苏(*Perilla frutescens*)

在魏家窝铺遗址浮选结果中还发现了唇形科紫苏属紫苏种子1粒(图5-4)。

紫苏,别名“苏子”“白苏”“野苏”“红苏”,属唇形科紫苏属(*Perilla frutescens*),一年生草本植物。茎直立,高50-120厘米。被白色长柔毛,上部分枝。叶对生,具长柄,叶片宽卵形

---

〔1〕　关广清等:《杂草种子图鉴》,北京:科学出版社,2000年,第28页。
〔2〕　(明)朱橚撰,倪根金校注,张翠君参注:《救荒本草校注》,北京:中国农业出版社,2008年,第17、18页。

或近圆形,长7－13厘米,宽4－10厘米,先端短尖或骤尖,基部圆形或宽楔形,边缘有粗锯齿,两面通常绿色、紫色或仅下面紫色,有柔毛。轮伞花序含花2,排列成偏向一侧的总状花序,每花有1苞片;花萼钟状,2唇形,外有长柔毛和腺点;花冠白色至紫红色,唇形,上唇微凹,下唇3裂。小坚果近球形。千粒重4克[1]。

紫苏在亚热带地区,2月底至3月初开始出苗,至秋季仍能陆续出苗。在植物分类上适应性很强,对土壤要求不严,排水良好,沙质壤土、壤土、黏壤土,房前屋后、沟边地边,肥沃的土壤上均可栽培,生长良好。紫苏的营养价值较高,在营养期,粗蛋白质含量很高,粗脂肪和灰分含量也较高;成熟期,粗蛋白质含量虽有下降,但营养价值仍比较高。紫苏的叶、梗和籽粒均能食用,同时,紫苏也是常见的中草药。根据"四川、贵州省的群众实验证明,紫苏油可用作饲料,各种畜禽均喜食;提取芳香油后的茎叶,亦可用作猪、禽饲料"[2]。同时,紫苏叶产量高,氮、磷、钙含量较高,可作绿肥,也可作为固土护坡植物。

除了上述介绍的植物种子之外,在遗址浮选结果中还发现由于炭化过甚而失去了特征部位的未知种属的植物果实残块,出土数量很少,对我们的分析帮助不大,因此不在此详述。

第四节　植物遗存统计分析

一、炭化木屑所反映的问题

魏家窝铺遗址浮选结果所显示的炭化木屑峰值绝大多数在平均值以下,仅有少数几份样品的含量高出平均值。2009年为0.075克,2010年仅为0.08克,2012年的浮选结果中没有发现炭化木屑。其中,木炭含量大于1克的样品分别来自F1和F36,F36炭化木屑含量非常突出,达到7.868克,远远高于平均值,这一现象说明F36和炭化木屑有关联。一般而言,在古代被用作燃料的植物最有可能成为炭化的植物遗存保存在遗址堆积中,另外炭化木屑也可能是房屋顶部的房梁结构等建筑构件。目前我们还没有发现能够反映红山文化时期房屋建筑技术的考古资料,很难对房屋的构造进行科学意义的推测。但是,内蒙古文物考古研究所于2011年对内蒙古通辽哈民忙哈遗址进行了发掘,在遗址东南部发现

---

〔1〕 赵培洁、肖建中:《中国野菜资源学》,北京:中国环境科学出版社,2006年,第252、253页。
〔2〕 赵培洁、肖建中:《中国野菜资源学》,北京:中国环境科学出版社,2006年,第252、253页。

7座房址(F32-34、F36-38、F41)因火烧毁,较好地保存了房屋木质构件的坍塌遗痕[1],发掘者认为哈民忙哈遗址(该遗址年代大致距今5700-5100年)保存较好的房屋木质结构痕迹,是我国第一次在史前遗址中发现。所清理出的房顶梁架结构,为复原史前房屋的建筑提供了重要的实证。哈民忙哈遗址与魏家窝铺遗址同处于辽西地区,年代比较接近,在史前聚落布局与建筑技术方面存在相似性。根据哈民忙哈遗址的房址情况,推测魏家窝铺遗址的房屋应该也存在房顶梁架结构。如果推测成立,那么魏家窝铺遗址F36出土炭化木屑极有可能是房屋顶部的木构件燃烧后的产物[2],当然,这还需要今后在发掘过程中对这方面资料进行收集与分析。

二、炭化植物种子与人类经济生活的关系

在魏家窝铺遗址浮选出土的炭化植物种子中属于农作物的粟和黍,占所有出土炭化植物种子总数的51%。遗址浮选出土的51粒粟和黍的形态特征与现代粟和黍基本一致,说明出土的粟和黍应该属于完全栽培状态下的旱作农业品种。粟和黍是旱作农业经济中的主要农作物,在中国北方地区具有明显的区域优势和生产优势,在北方干旱地区、半干旱地区,从农业到畜牧业,从食用到加工出口,从自然资源利用到发展地方经济,粟和黍都是主要粮食作物,在国民经济发展中占有重要地位。

辽西地区是中国北方旱作农业区的重要亚区之一,早在距今8200年左右的兴隆洼文化时期,以粟和黍为主的原始旱作农业就已出现。在兴隆沟遗址第一地点浮选出土的炭化植物种子中,发现了粟和黍两种栽培谷物,第一地点出土的炭化黍粒仍保留了较浓厚的野生祖本的特征,如粒形较长,尺寸较小。据此判断,第一地点出土的粟和黍应该属于栽培作物进化过程中的初期品种[3]。说明早在新石器时代中期的兴隆洼文化阶段,辽西地区就是中国北方旱作农业的重要起源地之一。魏家窝铺遗址的年代为红山文化早、中期,红山文化在其形成和发展过程中,一方面承继了本地区兴隆洼文化、富河文化和赵宝沟文化中的优势因素,另一方面大量吸收中原仰韶文化和东北地区诸多原始文化因素,整体文化面貌发生显著变化。尤其是从兴隆洼文化与红山文化的特征中可以看到,出

---

〔1〕 内蒙古文物考古研究所、吉林大学边疆考古研究中心:《内蒙古科左中旗哈民忙哈新石器时代遗址2011年的发掘》,《考古》2012年第7期,第14-30页。

〔2〕 孙永刚、赵志军:《魏家窝铺红山文化遗址出土植物遗存综合研究》,《农业考古》2013年第3期,第1-5页。

〔3〕 赵志军:《探寻中国北方旱作农业起源的新线索》,《中国文物报》2004年11月12日,第7版。

土器物中的石、陶、玉器的制作技术反映出两种文化具有传承与发展的关系。魏家窝铺遗址出土粟和黍等农作物遗存,应该是辽西地区兴隆洼文化时期旱作农业栽培与耕作技术的延续与发展,红山文化先民在漫长的生产、生活实践中,在兴隆洼文化驯化与栽培技术的基础上,将粟和黍两种作物作为本地区重要的农作物进行栽培与种植,推动了本地区旱作农业的发展。

受考古资料的限制,红山文化早中期经济形态的研究成果较少。在魏家窝铺遗址浮选结果中发现粟和黍两种农作物遗存,通过对其形态特征的综合分析证明在红山文化早中期辽西地区已经出现了旱作农业。但是,发现的粟和黍的数量非常少。遗址中出土炭化植物遗骸少的原因是多方面的,我们推测魏家窝铺遗址出土炭化植物遗骸,尤其是农作物的种类与数量偏少应该有两种可能:一种是遗址中农作物遗存埋藏量本身就较低;另一种是遗址农作物遗存含量较高,代表了发达的农业经济,但是受自然埋藏条件差或者提取样品过程中的误差影响,导致出土农作物绝对数量低。魏家窝铺遗址各个遗迹单位埋藏较浅,保存状况较差。地表调查发现大量以灰土圈为代表的房址,个别房址的居住面已经被耕土层破坏,房址残存高度仅 5-20 厘米;加之水土流失严重,以疏松的粉沙颗粒为主的土壤结构,受风蚀作用影响严重,造成埋藏较浅的古代植物遗存的移动和毁坏。此外,提取样品过程中造成的误差,也可能导致魏家窝铺遗址发现的炭化粟和黍的数量偏低。在发掘过程中,选择的采样点应具有代表性,浮选样品的数量和每份样品的土量对浮选结果有重要的影响。魏家窝铺遗址 2009 年度先后采集浮选土样 91 份,浮选的土量总计为 340 升,平均每份浮选样品的土量约为 3.8 升。浮选土样虽然具有代表性,但每份样品的土量偏低可能是造成炭化植物遗存数量偏低的原因之一。在 2010 年的发掘过程中,为避免因采样土量偏低造成炭化植物种子数量偏低,代表性的样品量有了大幅度的增加,平均每份浮选样品的土量约为 7 升,与 2009 年相比增加了一倍,但是发现的粟和黍总数仅为 30 粒,绝对数量很低。这说明土量的多少并没有影响到植物种子的绝对数量。结合兴隆沟第二地点出土农作物种子的数量分析,魏家窝铺遗址出土的粟和黍的绝对数量较低,可能是受到遗址埋藏条件的影响,但主要反映的还是当时的客观实际情况。

在对考古遗址出土植物遗存进行量化分析时,除了要考虑植物遗存的绝对数量外,还应该结合其他计量方法,如植物遗存的出土概率做进一步的统计分析。出土概率统计结果反映的是植物遗存在遗址内的分布范围,我们可以据此推断出不同植物遗存在当时人类生活中的地位及所占比重。

图 5-5 是魏家窝铺遗址浮选出土的农作物粟和黍的出土概率统计表,从统

计结果看,粟和黍的出土概率都不高,仅为7%。再结合遗址出土农作物绝对数量统计结果,以粟和黍为代表的农业遗存在魏家窝铺遗址中所占比重较小。

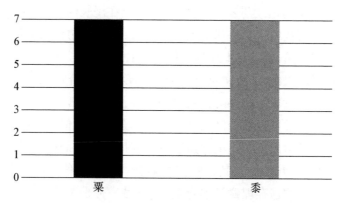

图 5-5　魏家窝铺遗址农作物出土概率(%)

三、杂草类种子与农业耕作方式的关系

在魏家窝铺遗址出土的各种植物种子中,属于禾本科狗尾草属的植物种子有 24 粒,并且绝大多数形态比较一致,呈扁圆形,胚部窄长,略有爆裂。狗尾草属种子一般为常见的田间杂草。考古遗址浮选结果中发现的田间杂草植物种子的数量,可以反映农耕生产活动状况。魏家窝铺遗址出土粟和黍的绝对数量与出土概率都很低(图 5-6),说明当时的农作物栽培技术与种植制度尚处于初级阶段,而这些田间杂草有可能是伴随着农作物的收获被带入并埋藏在魏家窝铺遗址中。

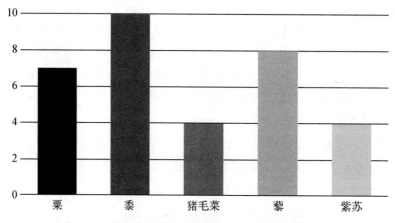

图 5-6　魏家窝铺遗址可食性植物种子出土概率(%)

采集野生蔬菜、野生水果或其他野生食物曾是人类获得食物的主要途径。直到今天,野生植物在某些地区依然是当地人的重要食物来源。近年来由于受"回归自然"思潮的影响,野菜、野生菌、野果以及野生保健植物在市场上十分流行,一些野生食用植物也成为现代都市群体的新宠。在魏家窝铺遗址浮选结果中,除了上述介绍的农作物粟和黍,以及数量较多的禾本科狗尾草属种子之外,还出土藜科藜属种子藜、猪毛菜属种子猪毛菜等。以猪毛菜、藜为代表的藜科植物和以紫苏为代表的唇形科植物的大多嫩茎叶可以食用。调查资料显示,现在一些地区仍在食用猪毛菜这类藜科植物,主要是初春时节,待至猪毛菜长出嫩苗时,"采摘其嫩苗、嫩茎叶,沸水焯后换清水浸泡,炒食、和面蒸食、蘸酱或凉拌均可"[1]。遗址中所见到的猪毛菜种子有可能是魏家窝铺先民采集以备食用,或者作为杂草伴随农作物的收割被带到遗址内。

在浮选操作过程中,收入细筛中的部分被称作轻浮部分,收入粗筛的部分被称为重浮部分,这实际是浮选的副产品。在对魏家窝铺遗址采集样品浮选过程中,也对重浮部分进行了提取,结果发现了大量的鱼骨和软体动物甲壳及部分动物骨骼,其中鱼骨的数量很大。同时,在魏家窝铺遗址发掘过程中,还发现有少量鹿角、大型淡水蚌类等动物骨骼[2]。这说明渔猎在魏家窝铺先民经济生活中具有相当重要的地位。这可能就是魏家窝铺先民在农耕生产技术尚不发达、农业在经济生产活动中所占比重很低的情况下,仍然能够维持村落规模的定居生活的最主要原因。

经过科学采样和系统浮选,在魏家窝铺遗址获得了一定量的炭化植物遗存。其中包括以粟和黍为主的栽培作物遗存,采集获得的藜科、唇形科等可食用的野生植物遗存,狗尾草等田间杂草类植物遗存。通过对这些浮选出土植物遗存进行定性定量分析,我们认为,魏家窝铺先民虽然已经种植了粟和黍,但其经济生产活动的主体却仍然是采集渔猎,农作物的种植在当时仅仅是辅助性的生产活动。

---

〔1〕　哈斯巴根、苏亚拉图:《内蒙古野生蔬菜资源及其民族植物学研究》,北京:科学出版社,2008年,第64页。

〔2〕　段天璟、成璟瑭、曹建恩:《红山文化聚落遗址研究的重要发现——2010年赤峰魏家窝铺遗址考古发掘的收获与启示》,《吉林大学社会科学学报》2011年第4期,第18-21页。

第六章　哈民忙哈遗址
浮选植物种子

第一节　遗 址 背 景

　　哈民忙哈遗址位于内蒙古通辽市科左中旗舍伯吐镇东南约 20 千米。遗址地处西辽河平原东部,科尔沁沙地的腹地,坐落在一片沙岗地的南坡上。遗址间有沙坨、草甸和湖沼散布。

　　哈民忙哈遗址是一处文化性质较为单纯的史前聚落。整个遗址掩埋在 0.7 -1.4 米厚的风积沙层之下,地表南北略低,中间略高,表面起伏不大。遗迹以房址和灰坑为主,少见墓葬。2010 年在遗址中心区选择 A、B 两个发掘地点,共揭露面积 1300 平方米,清理房址 14 座,灰坑 28 座,墓葬 3 座,出土陶、石、骨、角、蚌器等各类遗物 350 余件[1]。2011 年发掘面积总计 2850 平方米,共清理房址 29 座,灰坑 10 座,墓葬 3 座,环壕 1 条,出土陶器、石器、骨角蚌器、玉器等1000 余件[2]。2012 年进行第三次抢救发掘,共揭露面积 1700 平方米。清理房址 11 座,墓葬 6 座,灰坑 18 座,环壕 2 条,出土 500 余件珍贵遗物[3]。2013 年,发掘面积为 1350 平方米,清理房址 14 座,墓葬 1 座[4]。

　　哈民忙哈遗址揭露的房址沿东北—西南排列,部分房址在排列中的位置略

〔1〕 内蒙古文物考古研究所、科左中旗文物管理所:《内蒙古科左中旗哈民忙哈新石器时代遗址2010 年发掘简报》,《考古》2012 年第 3 期,第 3 - 19 页。

〔2〕 内蒙古文物考古研究所、吉林大学边疆考古研究中心:《内蒙古科左中旗哈民忙哈新石器时代遗址 2011 年的发掘》,《考古》2012 年第 7 期,第 14 - 30 页。

〔3〕 阿如娜、吉平:《内蒙古通辽哈民遗址第三次发掘又获重要发现》,《中国文物报》2013 年 4 月 26 日,第 8 版。

〔4〕《"哈民史前聚落遗址"再出土 500 余件史前遗物》,《长春日报》2014 年 1 月 21 日,第 6 版。

有参差,但布列基本整齐,这是辽西地区新石器时代聚落分布的主要特点。房址皆为凸字形半地穴式,居室呈圆角方形,有长方形门道和室内灶,灶多位于居室中部偏南,正对门道,平面呈圆形,斜壁,平底或者圜底。部分房址发现有柱洞,房内堆积多为二层,居住面上普遍散布着较多遗物。2010 年度发掘过程中,发现部分房址(F32-34、F36-38、F41)因火烧,较好地保存了房屋木质构件的坍塌遗痕。其中最大的一座(F32)保存得相当完整,经逐层清理出的房内堆积中纵横叠压的炭灰条痕迹,基本反映出屋顶的建筑构架。

哈民忙哈遗址的出土遗物以陶、石、玉器为主,有少量的骨、角、蚌器等。陶器以夹砂陶为主,包括素面和饰有滚压窝纹或拍印斜方格纹的筒形罐、壶、盆、钵、斜口器等,以及陶棒和不知名工具等,筒形罐和壶多作为组合器出现。泥质陶数量很少,多为残片,表面饰有之字纹、篦齿纹和条形黑彩等。石器基本上属于工具,种类丰富,制作精良,有磨盘、磨棒、杵、石饼等主要器类。骨器数量较多,制作精致,多经磨光、抛光,有鱼鳔、骨柄石刃刀、匕、锥、针等。蚌器仅见刀、饰件等。玉器造型精美,质感温润,体量较大。

根据哈民忙哈遗址的埋藏特点,我们为采样浮选工作初步设定了目标:一是科学系统地获取遗址中埋藏的古代植物遗存;二是通过对出土植物遗存,特别是农作物遗存的鉴定和量化分析判断哈民忙哈史前先民的业业方式,从而深入了解辽西地区新石器时代晚期的经济形态。

2012-2013 年度发掘过程中,笔者对该遗址采用了针对性采样法,对性质比较明确的遗迹单位,如灰坑、房址、灶、环壕以及部分房址内陶器中的包含物等进行采样。2012 年采集 36 份,土量为 205 升;2013 年采集 8 份,土量为 164 升;2012-2013 年先后共采集浮选土样 44 份(表 6-1),浮选的土量总计为 369 升,平均每份样品的土量约为 8.4 升。这里需要说明的是,2012 年采样浮选鉴定结果不是很理想,2013 年采集的土量在 2012 年的基础上有所增加,2013 年的采样土量平均值达到 20.5 升,比较合乎史前遗址的采样要求。

表 6-1　哈民忙哈遗址浮选样品采集情况　　　　　　(单位:份)

房址	灰坑	环壕	地层	墓葬	器物	合计
22	7	2	7	1	5	44

浮选土样在考古现场进行了浮选,使用的浮选设备是水波浮选仪,分样筛规格是 80 目(筛网孔径 0.2 毫米)。浮选结果阴干后运到中国社会科学院考古研究所植物考古实验室进行种属鉴定。

哈民忙哈遗址浮选出土的炭化植物遗存大体分为炭化木屑、硬果壳核和植物种子三大类。

第二节　炭　化　木　屑

遗址所见炭化木屑的来源主要包括燃烧不充分的燃料，或遭到焚烧的建筑木材等。哈民忙哈遗址浮选出土的炭化木屑颗粒较小，可能与当地的地理条件和气候环境有关。

第三节　硬　果　壳　核

在哈民忙哈遗址 F57 内发现了 144 粒保存比较完整的核果遗存，经鉴定为蕤核（图 6-1）。

图 6-1　蕤核种子

哈民忙哈遗址出土的蕤核，形状呈扁卵形或扁心脏形，两侧不对称，长 0.7-0.9 厘米，宽 0.6-0.7 厘米，厚约 0.4 厘米，质地坚硬致密。

蕤核又名扁核木、马茹刺、马茹茹、蕤仁，为蔷薇科（Rosaceae）扁核木属（Prinsepia）的一种多年生落叶灌木。《本草经》名为"蕤核"，《救荒本草》名为"蕤李子"。蕤核属于丛生型灌木，多生长于干旱、半干旱区地区，具有长期的保持水土的功效。蕤核的果实可以酿酒、食用，种仁可榨油，果仁可入药，味甘，性温，微寒。在我国历史上，蕤核果实曾是宫廷贡品。蕤核果肉风味独特，汁液多，酸甜适口，口感爽脆可食用，具有溶质型果肉和特殊浓郁的香气。《野菜博录》记载，蕤核"俗名蕤李子。生函谷川谷，及巴西河东皆有。今古崤关西茶店山谷间亦有之。其木高四五尺，枝条有刺，叶细，似枸杞叶而尖长，又似桃叶而狭小，亦薄。花开白色，结子红紫色，附枝茎而生，状类五味子，其核仁味甘，性温，微寒，无毒，其味甘酸。摘取其果红紫色熟者食之"[1]。

────────────

〔1〕（明）鲍山编，王承略点校、解说：《野菜博录》，济南：山东画报出版社，2007 年，第 387 页。

第四节　植 物 种 子

植物种子是此次浮选工作的最大收获,在44份样品中共出土816342粒植物种子。其中粟、黍和大麻三种农作物遗存,合计638粒,占出土植物种子总数的0.08%。其他非农作物植物遗存有藜科藜属,禾本科狗尾草属、野稷和马唐,菊科大籽蒿等植物科属的种子,由于大籽蒿种子出土数量(815632粒)远远超出其他种子数量,在绝对数量中不做综合统计(表6-2)。

表6-2　哈民忙哈遗址浮选出土植物种子统计表

植物种属	绝对数量	数量百分比(%)
粟	20	2.82
黍	615	86.62
大麻	3	0.42
藜属	66	9.3
狗尾草属	3	0.42
马唐	1	0.14
野稷	2	0.28
合计	710	100

一、农作物种子

粟(*Setaria italica*)

哈民忙哈遗址共出土20粒炭化粟(图6-2),占出土农作物总数的2.82%。这些炭化粟粒呈圆球形,直径在1.5毫米左右,籽粒表面较光滑,胚部由于烧烤而爆裂呈现凹口状。

黍(*Panicum miliaceum*)

相对粟而言,哈民忙哈遗址出土的炭化黍(图6-3)的数量要多得多,共

1 mm

图6-2　粟种子

出土 615 粒,占出土农作物总数的 86.62%。黍粒呈圆球形,个体相对粟的较大,直径大多在 2 毫米以上,表面粗糙,胚部由于烧烤爆裂呈"V"状。

图 6-3　黍种子　　　　　　　　　图 6-4　大麻种子

大麻(*Cannabis sativa*)

在哈民忙哈遗址出土的农作物中,除了上述介绍的粟和黍两种农作物之外,还出土大麻(图 6-4)3 粒,占出土农作物总数的 0.42%。形状近圆形,大多残破。测量结果显示,籽粒粒长平均值近 3.3 毫米,粒宽近 2.4 毫米。

大麻,亦称"汉麻""黄麻""火麻""糖麻",属于桑科(Moraceae)大麻属(*Cannabis*),一年生草本植物。大麻瘦果卵形,外紧包花被片,略扁,长 4.1-5.3 毫米,宽 3.1-4.4 毫米,厚 2.7-3.7 毫米。表面灰绿色、灰黄色或褐色,边缘具浅色棱线,两侧面具网状脉纹。果脐基部有圆形凹窝,果皮硬而脆,内表面褐色。大麻种子呈圆形,径约 3.5 毫米,种皮棕绿色,薄膜质。胚乳少量,胚弯曲,具油性;胚芽明显;子叶卵形,肥厚。大麻在全国大部分地区有栽培。生长期的茎可以食用,《救荒本草》称大麻为"山丝苗","今皆处处有之。人家园圃中多种苎,绩其皮以为布。……采嫩茎煠熟,换水浸去邪恶气味,再以水淘洗净,油盐调食。不可多食,亦不可久食,动风。子可炒食,亦可打油用"[1],大麻果实或种仁可以入药,药材名为火麻仁,具滑肠润燥、通淋活血等功效。同时,大麻的纤维可以做布匹。

二、其他植物种子

哈民忙哈遗址出土的炭化植物遗存,除农作物种子,还包括数量可观的其他

---

〔1〕 (明)朱橚撰,倪根金校注,张翠君参注:《救荒本草校注》,北京:中国农业出版社,2008 年,第 307、308 页。

植物种子。

藜（*Chenopodium album*）

哈民忙哈遗址出土藜属种子（图6-5）66粒，占所有植物种子总数的9.3%。经鉴定全部是藜科藜属藜种子。这些藜种子整体呈扁圆形，两面呈凸透镜或双凸透镜状，表面有光泽，顶部呈圆形，基部突出，有凹口，胚部呈环形，直径1.2-1.5毫米。

遗址还出土禾本科植物种子6粒，其中3粒禾本科种子经鉴定属于狗尾草属（*Setaira*）狗尾草（*Setaria viridis*），占出土植物种子的0.42%；1粒经鉴定属于马唐属（*Digitaria*）马唐（*Digitaria sanguinalis*）种子；另外2粒，经鉴定为野稷（*Panicummiliaceum*）种子。

图6-5　藜种子

狗尾草（*Setaria viridis*）

狗尾草种子的籽粒均呈扁椭圆状，背部略鼓，腹部相对扁平，尺寸比较小，平均长近1.52毫米。

马唐（*Digitaria sanguinalis*）

马唐，禾本科马唐属，一年生草本植物。小穗长椭圆形，长3-3.5毫米，褐色、紫褐色或草绿色。第一颖微小，钝三角形，长约0.2毫米，膜质；第二颖长约为小穗的1/2，窄，具3脉，边缘具纤毛。第一外稃与小穗等长，具5-7脉，脉间距离较宽而无毛，侧脉无毛或脉间贴生柔毛。孕花外稃与小穗等长，褐色或草绿色，具细纵条纹。颖果椭圆形，淡黄色；脐明显，圆形；胚卵形，呈指纹状，长约为颖果的1/3，色稍深于颖果[1]。马唐广泛分布于我国南北各个省区，以及全世界温热地带。种子繁殖。多生长于田间、草地和荒野路旁。马唐为优质的牧草，种子可制作淀粉。

野稷（*Panicummiliaceum*）

野稷，禾本科，一年生草本植物。小穗长椭圆形，背腹扁；第一颖长三角形，顶端尖；长为小穗的1/2-2/3，基部几乎不包卷小穗；第二颖与小穗等长，被细毛。第一花退化，仅存的外稃质地形状同第二颖。带稃颖果椭圆形，背腹压扁，

---

〔1〕　中国科学院植物研究所植物园种子组、形态室比较形态组：《杂草种子图说》，北京：科学出版社，1980年，第246、247页。

背面略突;棕黑色,有光泽;长3毫米,宽2毫米。外稃革质光亮,具7条黄色脉,背面略隆起,边缘包卷内稃;内稃和外稃等长,同质,边缘膜质。颖果椭圆形;平突状;棕褐色。胚为颖果的2/5,脐椭圆形,色较深[1]。

野稷多生于路旁、荒野湿处。分布于我国东北、华北、华东、华南,以及朝鲜、日本和俄罗斯等地。

狗尾草、马唐和野稷等禾本科植物种子都生长于路旁、田野,既是家畜的饲料和优质牧草,又是危害农田的杂草。

大籽蒿(*Artemisia sieversiana*)

在哈民忙哈遗址出土的植物遗存中,还有一类菊科植物种子,数量惊人。经鉴定是大籽蒿(图6-6),共出土815632粒。

图6-6 大籽蒿种子

第五节 植物遗存统计分析

一、炭化木屑所反映的问题

哈民忙哈遗址44份样品所含炭化木屑的总量为7.826克,平均每份样品含炭化木屑仅0.18克。但是这里有个问题需要说明,2012年采集土样36份,土量总计205升,平均值是5.7升,炭化木屑总量为0.284克,平均所含炭化木屑的重量仅为0.01克。2013年度的发掘,土样采集方法更加规范化,炭化木屑总量为7.542升,平均每升土所含炭化木屑0.94克,较2012年有了一定程度的增加。即使是这样,所获得的炭化木屑含量并不算高。在哈民忙哈遗址中,炭屑大都处在房址内,灰坑和围壕所见只有H51出土炭屑0.003克,G1出土0.061克,其他灰坑和围壕的采样点均没有发现炭屑。

值得注意的是F57浮选出炭化木屑6.8克,远较其他遗迹单位所出炭化木屑多。前文已经提到,在哈民忙哈遗址的发掘中,揭露出较为完整的房屋构架,我们推测F57出土的炭化木屑应该是房屋构架坍塌的结果。但在其他房址、灰坑、围壕内没有发现数量可观的炭化木屑,推测可能是因为在发掘过程中,凡是

---

〔1〕 关广清等:《杂草种子图鉴》,北京:科学出版社,2000年,第305页。

能够看到的房内堆积中纵横叠压的炭灰条痕迹,发掘者意识到是房屋梁架结构,都有意识地避开并加以保护。同时,哈民忙哈遗址所处的区域是科尔沁沙地腹地,沙地透气性好,木材等能充分燃烧,所以没有留下炭屑,或者留下的是微炭屑,而我们所采集的只是孔径大于 1 毫米的炭屑。

二、炭化植物种子与人类经济生活的关系

从自然环境的角度来看,科尔沁沙地并非理想的农业定居地。这片区域是典型的生态交错带,当气候温暖湿润,则林丰草茂,可耕可牧,可渔可猎;当气候转干冷,则土地沙化严重,农、林、牧生产都会遇到严重的问题[1]。哈民忙哈遗址年代相当于红山文化晚期,约公元前 3000 年前后,正处于气候相对冷干的阶段,其中不排除有小规模的气候波动,短时期内有一段相对较为温暖湿润、适宜人类居住的时期,我们可以从浮选出的植物遗存着手,分析距今 5000 年科尔沁沙地先民的生业状况。

哈民忙哈遗址出土的炭化植物种子主要集中在少数房址内。我们在哈民忙哈遗址浮选土样中虽然发现了 816342 粒炭化植物种子,但是占绝对优势的不是农作物种子,而是菊科大籽蒿种子。

哈民忙哈遗址出土的农作物经鉴定属于粟、黍和大麻三种不同的品种。其他植物种子以藜科、豆科种子的数量最多。用浮选法获取的植物遗存,在绝对数量上大多存在一定的误差,因此在对遗址出土的植物遗存进行分析与讨论时,不仅要分析绝对数量(表 6-3),还要结合植物遗存的出土概率(图 6-7)进行统计,才能较为科学地分析农作物遗存所反映的当时当地的农业生产情况及经济活动等问题。

表 6-3　哈民忙哈遗址出土炭化农作物统计表

	粟	黍	大麻	总计
出土的绝对数量	20	615	3	638
绝对数量的百分比(%)	3.1	96.4	0.5	100
占有样品的数量	3	11	1	44
出土概率(%)	6.8	25	2	

〔1〕　陈继玲、陈胜前:《哈民忙哈遗址陶器纹饰研究》,《边疆考古研究》第 20 辑,北京:科学出版社,2016 年,第 200 页。

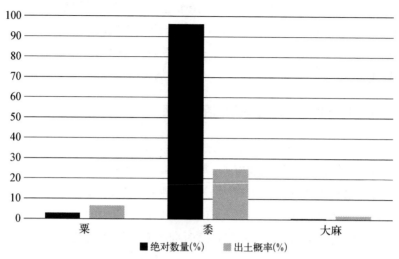

图 6 - 7   哈民忙哈遗址农作物出土概率与绝对数量

　　根据此次浮选结果分析,哈民忙哈遗址的农业特点是以粟和黍为主要种植的农作物。近年来在考古遗址发掘过程中广泛运用浮选法,为探讨北方旱作农业的起源问题提供了重要的资料。其中对兴隆沟第一地点遗址浮选出土的炭化植物遗存的研究最为系统、重要。我们通过将兴隆沟第一地点浮选出土的炭化粟和黍的细部特征与狗尾草、铺地黍以及现生粟和黍的长宽比值进行比较,认为兴隆沟第一地点出土的粟和黍都属于栽培作物,从而进一步推断兴隆沟遗址所在的辽西地区是中国北方旱作农业起源地之一。说明在距今 8000 年左右以粟和黍为代表的原始旱作农业经济已经在东亚地区出现,伴随着新石器时代农业耕作技术的发展,粟和黍在中国北方广大地区是农业生产中的主要农作物之一。在辽西地区红山文化早中期遗址,尤其是魏家窝铺遗址的发掘过程中,运用浮选法获得一批重要的新资料,证实魏家窝铺遗址所处的红山文化早中期,初步形成了以粟和黍为主要农作物的旱作农业。哈民忙哈遗址位于"西辽河以北科尔沁沙地腹地,年代大体与红山文化晚期阶段相当"[1]。因此,哈民忙哈遗址的农业经济以粟和黍为主要农作物的这一特点应该是继承了辽西地区旱作农业的传统。

　　对辽西地区新石器时代晚期生存环境与经济结构的论述,多集中于红山文化晚期经济形态的研究。索秀芬先生认为:"红山文化农具不但数量多,而且制

──────────

〔1〕　朱永刚、吉平:《探索内蒙古科尔沁地区史前文明的重大考古新发现——哈民忙哈遗址发掘的主要收获与学术意义》,《吉林大学社会科学学报》2012 年第 4 期,第 85 页。

作定型。石斧横剖面扁圆,刃口锋利,清除耕地中树木效率提高。石耜质地坚硬,形体长,形似烟叶,可以深翻土地。石刀扁平,有桂叶形和长方形两种,部分穿孔,刃口锋利,收割速度加快。石磨盘面积较大,增大了加工谷物的数量,石磨棒两端出现了柄部,便于推磨,有利于提高粮食加工效率。红山文化已具备一套用于快速清理土地、深翻耕地、高效收割和加工的精良农业石质工具,已经脱离了初级刀耕火种阶段,进入到高级的锄耕刀耕火种阶段。"[1]索秀芬先生的观点代表了学术界对红山文化晚期经济形态研究的主流观点。哈民忙哈遗址年代大体与红山文化晚期阶段相当,年代为距今 5700 - 5100 年左右[2]。从哈民忙哈遗址浮选出土的农作物数量与出土概率来分析,虽然农作物以粟和黍为主,但是二者的绝对数量和出土概率存在着显著的差别,黍的绝对数量和出土概率要远远高于粟的。这种现象说明,黍在哈民忙哈遗址先民的经济生活中占有相对突出的地位。当时的人们为什么会对黍产生如此浓厚的兴趣呢? 应主要从辽西地区的地理条件、生存环境以及当时的农业耕作技术等方面考察。辽西地区地理环境复杂多样,有山地、丘陵、台塬、谷地等,气候属于半干旱温带大陆性气候,春季干旱少雨,夏季温暖湿润,冬季寒冷干燥。而哈民忙哈遗址所处的科尔沁沙地区域内分布着大片的固定、半固定和流动沙丘,间有湖泊沼泽散布其中,植被覆盖率受降水影响较大,连续干旱或放牧等人为因素的破坏会加剧该区域环境的恶化,因此这一地区属于中国北方生态脆弱的地区之一。即使是在当代农业耕作条件相对发达的情况下,这一地区也只是种植有限的黍、粟、大豆和玉米等旱地作物,如果全年降雨量少,收获就较低,当地戏称"望天收"。受这种生存环境的影响,在选择农作物种植时,必须要选择耐旱、耐瘠薄、抗逆性强的植物。相对于其他旱地作物而言,黍和粟是农作物种植的首选。而黍与粟进行比较,黍的生长发育速度较快,一般特早熟的品种生育期仅 65 天左右;黍还是短日照作物,在短日照条件下可以促进植株发育;黍在生长过程中蒸腾系数为 255.12,比粟(257)、高粱(276.39)和玉米(337.62)等谷类作物都低[3],是谷类作物中耗水量最低、抗旱能力最强、用水最经济的作物。同时黍对土壤的要求很低,能在各种土壤,特别是在新垦荒地上种植。与其他各谷类作物相比,每生产 100 千克籽实,所需的氮、磷、钾数量较少,并能吸收土壤深层及其他作物难以吸收的养分,对土壤养分的利用率高,在瘠薄的土地上能正常生长发育并获得较高的产量。

〔1〕 索秀芬、李少兵:《红山文化研究》,《考古学报》2011 年第 3 期,第 301 - 326 页。
〔2〕 哈民忙哈遗址发掘者吉平研究员将哈民忙哈遗址碳十四数据告知笔者。
〔3〕 柴岩:《糜子》,北京:中国农业出版社,1999 年,第 49 页。

因为黍具有上述生长习性，所以才成为哈民忙哈先民种植农作物品种的首选。通过对比红山文化早中期魏家窝铺遗址的浮选结果，可知在哈民忙哈先民的经济结构中，农业不是生业形态的主体，当时的人们还是以采集、渔猎为主。这也在一定意义上表明，当时的农业耕作技术还处于相对原始的耕作状态。

在哈民忙哈遗址浮选出土的农作物遗存中，除了上述提到的粟和黍两种农作物外，还发现了 3 粒大麻种子。大麻是我国古代一种极为重要的经济类作物，大麻的纤维可以纺制麻布，种子可榨油或供药用。在古代文献中有大量的关于大麻的记载和描述。大麻还是先秦典籍中所记述的五谷之一。食用大麻在中国能早到什么时候？哈民忙哈遗址浮选出土的大麻种子可以为探索大麻的利用提供新的研究资料。

历史文献和民族志资料证明，世界各地不同国家及不同民族的人都在利用着大麻的不同价值。中国典籍中最早记述大麻的文献当属《诗经》，据统计出现了 7 次。《豳风·七月》："禾麻菽麦。"《王风·丘中有麻》："丘中有麻，彼留子嗟。"《陈风·东门之池》："东门之池，可以沤麻。"《陈风·东门之枌》："不绩其麻，市也婆娑。"大麻是雌雄异株的植物。雌者称为"苴"，雄者称为"枲"。《诗经》中也曾提到苴字，《豳风·七月》："九月叔苴。"从《诗经》对大麻的记载来看，当时对大麻的利用主要包括食用与提取纤维。比如"禾麻菽麦"一句，粟、豆、麦都是西周时期西北地区的主要栽培作物，麻与农作物粟、大豆、麦并列，说明麻应该也是当时的主要食物来源之一。而"东门之池，可以沤麻"所反映的应该是用作提取纤维，用作纺织原料。

哈民忙哈遗址浮选出土的大麻，再次证实其在古人生活中的重要性。

三、杂草类种子与农业耕作方式的关系

哈民忙哈遗址浮选出土的植物种子中，除了农作物种子之外，还发现了藜、狗尾草、马唐、野稷和大籽蒿等植物种子。

考古遗址文化堆积中所埋藏的植物遗存主要有两种来源：一是自然沉积，即通过各种自然力（如风、水、野生动物等）由外部带入并埋藏在遗址中的植物遗存，其中还应该包括遗址内生长的各种植物；二是文化堆积，即那些与人生活直接相关的、被人类有意识或无意识地遗弃在遗址内的植物遗存[1]。哈民忙哈遗址浮选出土的农作物遗存属于人工产品，不论是通过何种途径被埋藏到遗

---

[1]　赵志军：《广州南越宫苑遗址 1997 年度浮选结果分析报告》，载《植物考古学：理论、方法和实践》，北京：科学出版社，2010 年，第 198、199 页。

址内都属于文化堆积。那么,哈民忙哈遗址浮选出土的各类其他植物遗存是如何被埋藏到遗址内的? 它们与遗址和当时人的关系如何? 一般而言,古代遗址内出土的植物遗存绝大多数应该与人类存在着某种直接或者间接的联系,所谓直接联系就是指人类对植物资源的不同方式的利用。人类根据自己的各种需求对不同植物利用的取向有所不同。通过对新石器时代诸多遗址植物浮选结果的综合考察,藜、狗尾草、马唐、野稷等植物应该是作为田间杂草出现在遗址中的。

杂草是伴随人类的出现而产生的,并随着农业的发展不断发展壮大起来的一种特殊植物,在哈民忙哈遗址出土的杂草类植物应该与人类的活动相关。前文已经提到,哈民忙哈遗址出土的农作物无论是从绝对数量还是出土概率来看,都表明当时的农业耕作技术水平相对较低,这直接影响了对农作物的种植和收割,藜、狗尾草等植物种子应该是伴随着农作物的收割被带入遗址中来的。

同时,根据民族志和历史文献记述,藜、马唐等也是人们采集利用的野菜资源,在食物资源相对匮乏时,采集野菜作为食物的补充是史前时期人类的重要谋生手段。

在哈民忙哈遗址浮选出土的植物种子中,发现了在绝对数量上占优势的菊科蒿属大籽蒿植物种子。F57 内发现了 815363 粒,在遗址内发现数量众多的大籽蒿反映出许多问题。大籽蒿是中国北方地区一类常见的适应性广、繁殖能力强的特殊类型的植物,同时这类植物结实率高于农作物几百倍,一株大籽蒿植物往往能结出成千上万粒细小的种子,所以在遗址中发现数量众多的大籽蒿植物种子显得不那么重要。但是,需要指出的是,在 F57 内发现的大籽蒿种子占到了遗址浮选出土大籽蒿数量的 99.97%。这说明大籽蒿植物种子与 F57 存在着密切的关系。根据对大籽蒿植物生长习性和功效的分析,大籽蒿可以作为野菜资源直接采集食用,《救荒本草》《野菜博录》等文献都描述了大籽蒿的采集利用方式。我国内蒙古阿鲁科尔沁地区的蒙古族人民习用的野生食用植物有 77 种,其中代粮植物多达 13 种,在 20 世纪六七十年代的困难时期仍然从荒漠和干旱草原上大量采集野生植物作为粮食代用品,其中就包括大籽蒿[1]。

有学者通过分析哈民忙哈遗址出土陶器的纹饰,认为当时在科尔沁地区定居的先民很可能采取了一种半专业化的陶器生产形式,从民族考古学的研究来

---

〔1〕　裴盛基、淮虎银:《民族植物学》,上海:上海科学技术出版社,2007 年,第 72、73 页。

看,环境压力是促进社会专业化生产发展的重要因素,陶工用最快的速度生产出最多的陶器,以便节约出更多的时间从事其他生产活动,获取必要的生活资源[1]。这可以从侧面反映出当时科尔沁沙地居民存在着较大的生存压力,不得不采集各种野生植物资源来补充食物来源。

在哈民忙哈遗址的发掘过程中,还发现"数量众多的磨制蚌壳和形制统一的长方形蚌片,用途不明,可识别的蚌器只有蚌刀。遗址发掘出土大量的动物骨骼,经初步鉴定有鹿、狍子、牛、马、猪、兔、鸡、鼠等,其中以啮齿类和鸟类最多"[2],蚌壳和蚌器的出现说明渔捞在哈民忙哈先民经济生活中具有重要地位。同时,遗址内出土的动物骨骼表明,捕猎也是哈民忙哈先民日常生产、生活中的重要一环。

通过对哈民忙哈遗址浮选出土的植物遗存以及出土鱼类、动物骨骼进行综合分析,哈民忙哈先民经济结构的主体仍然是采集和渔猎,农业经济是当时生存资源的重要补充。

---

〔1〕 陈继玲、陈胜前:《哈民忙哈遗址陶器纹饰研究》,《边疆考古研究》第 20 辑,北京:科学出版社,2016 年,第 193 - 204 页。

〔2〕 朱永刚、吉平:《探索内蒙古科尔沁地区史前文明的重大考古新发现——哈民忙哈遗址发掘的主要收获与学术意义》,《吉林大学社会科学学报》2012 年第 4 期,第 85 页。

第七章　辽西地区生态系统与生业方式的变化

在人文生态系统中,人类与环境是相互依存、相互制约的两个方面。人类的生态环境包括气候、水文、土壤、生物等诸多要素,它们通过彼此之间在物质和能量上的交流,相互渗透、相互制约和相互作用,有机地组合成一个复杂的系统,并作为一个统一的整体共同作用于人类[1]。这些要素之间如果发生大的波动,会导致旱涝灾害、沙漠化、生物大规模迁徙、瘟疫和病虫害流行等环境问题,这些环境问题甚至会直接影响到人类的生存、发展与生产生活方式的改变。而且,这种人与环境的关系在农业起源与发展问题上表现得尤为突出。原始农业的出现标志着人类开始拥有主动改造自然的能力,人类通过对土地、植被、水源、生物的改造或改良,得以在有限的空间内获得充足的、比较稳定的、品种相对单一的食物来源,其结果刺激人口大幅度增长,加快人类社会的发展速度,为文明社会的形成创造了物质条件和经济基础;但原始农业的形成与发展同时也造成了生态环境的恶化。

第一节　辽西全新世初期至大暖期结束生态系统的变化

我们所探讨的时空范围是距今 8500 - 5000 年的辽西地区的新石器时代,这个时间段大致相当地学界的全新世初期到大暖期结束的时期。

在我国,关于全新世环境的研究一直受到学术界的关注,其投入之大,成果之多,累积了大量的资料,针对全国各个主要区域全新世的气候变化幅度、周期长度和冷暖交替之间的规律等都具有了相当的认知。辽西地区的区域性环境复

---

[1]　夏正楷:《环境考古学——理论与实践》,北京:北京大学出版社,2012 年,第 165 页。

原和研究已经取得了诸多成果[1]，这些成果系统全面地总结与分析了辽西地区气候环境之间的变化规律，为我们探讨辽西地区不同的考古文化、植物遗存和各时期的人类生业方式的变化提供了极为重要与宝贵的环境之间的背景信息。

一、气候与植被变化

植物对于环境是比较敏感的，气候、纬度、地形和海拔等都会不同程度地制约植物的成长和分布。现今的研究主要通过对自然地层与文化层中的孢粉化石和遗迹出土的植物遗存进行，并且辅以古土壤相关研究来认识全新世的气候与植被变化。

针对辽西地区自全新世开始至今的有关气候环境的变化研究，不同的研究者所获结果有明显不同甚至分歧。这或许体现了小流域水文环境、地貌植被和地形等环境特征与全球环境变化的差异性。另外，可能限于测年精度与样品分辨率和代用指标之类的敏感性因素，这样的结果往往反映出长时段环境变化的特征，在与人类活动相关联的时间节点上总是缺乏有效与必要的数据材料。因此针对辽西地区环境与气候变化的探讨，需要考虑地理环境的不同这一因素。

辽西地区做过孢粉分析的地点已经有 10 余个。这几处地点分布的位置主要集中于西拉木伦河、大凌河和老哈河流域（表 7-1）。

表 7-1　辽西地区孢粉与植被遗存分析结果对照表

年代	自然剖面	文化层	备注
9000 a B.P. 左右	9100±115 a B.P.，牛河梁剖面，位于朝阳市建平县境内。全新世气候变暖[2]。		

---

〔1〕 中国科学院贵阳地球化学所第四纪孢粉组、¹⁴C 组：《辽宁省南部一万年来自然环境的演变》，《中国科学（A 辑）》1977 第 6 期，第 605－614 页；武吉华、郑新生：《中国北方农牧交错带（赤峰市沙区）8000 年来土壤和植被演变初探》，载周廷儒、张兰生等编《中国北方农牧交错带全新世环境演变与预测》，北京：地质出版社，1992 年，第 55－70 页；施雅风等：《中国全新世大暖期气候与环境的基本特征》，载《中国全新世大暖期气候与环境》，北京：海洋出版社，1993 年，第 1－18 页；孔昭宸、杜乃秋、刘观民、杨虎：《内蒙古自治区赤峰市距今 8000－2400 年间环境考古学的初步研究》，载周昆叔、巩启明编《环境考古研究》第一辑，北京：科学出版社，1991 年，第 112－119 页；夏正楷、邓辉、武弘麟：《内蒙古西拉木伦河流域考古文化演变的地貌背景分析》，《地理学报》2000年第 3 期，第 329－336 页；宋豫秦：《中国文明起源的人地关系简论》，北京：科学出版社，2002年，第 31－42 页；李宜垠、崔海亭、胡金明：《西辽河流域古代文明的生态背景分析》，《第四纪研究》2003 年第 3 期，第 291－298 页；王树芝、王增林、朱延平：《内蒙古赤峰市大山前第一地点夏家店下层文化的植被和生态气候》，《华夏考古》2004 年第 3 期，第 44－51 页等。
〔2〕 莫多闻、杨晓燕、王辉、李水城、郭大顺、朱达：《红山文化牛河梁遗址形成的环境背景与人地关系研究》，《第四纪研究》2002 年第 2 期，第 174－181 页。

续　表

年代	自然剖面	文化层	备注
8000 a B.P. 左右	8595±110 a B.P.,乌兰敖都甸子第6层剖面,位于翁牛特旗东部。森林草原景观,气候温暖湿润,湖沼数量多且面积大,反映当时的环境较湿润[1]。	8000 a B.P.,兴隆洼剖面,位于敖汉旗东部,兴隆洼文化时期。疏林蒿藜草原植被,反映气候凉干[2]。	遗址发现胡桃科的胡桃楸果核[3]。
8000—7000 a B.P.	7265±100 a B.P.,热水塘剖面,位于克什克腾旗境内,大兴安岭南麓东坡。草原植被,气候温暖干燥[4]。	7800 a B.P.,白音长汗围沟剖面,位于林西县境内,兴隆洼文化时期。疏林蒿藜草原植被,气候温凉较干[5]。	
7000—6000 a B.P.	6380±110 a B.P.,马家沟营子剖面,林西县西南。气候温干,疏林草原植被[6]。	7000 a B.P.,小山剖面,位于敖汉旗牤牛河上游,赵宝沟文化时期。气候较温暖[7]。	在房址内出土胡桃楸果核和中旱生乔灌木李属种子[8]。
6000—5000 a B.P.	5980±115 a B.P.,牛河梁剖面,位于朝阳市建平县境内。气候出现干凉化趋势,但仍较今暖湿[9]。	6000 a B.P.,小善德沟剖面,翁牛特旗境内,赵宝沟文化时期。温凉湿润,胡桃楸和桦组成的夏绿阔叶林,林下或者空旷地带生长	富河沟门遗址房址内发现大量野生动物骨骼,如麝、麋、狗獾、松鼠、野猪

〔1〕 宋豫秦:《中国文明起源的人地关系简论》,北京:科学出版社,2002年,第36页。

〔2〕 宋豫秦:《中国文明起源的人地关系简论》,北京:科学出版社,2002年,第39页。

〔3〕 孔昭宸、杜乃秋、刘观民、杨虎:《内蒙古自治区赤峰市距今8000—2400年间环境考古学的初步研究》,载周昆叔、巩启明编《环境考古研究》第一辑,北京:科学出版社,1991年,第112—119页。

〔4〕 降廷梅:《内蒙古农牧交错带全新世孢粉组合及植被探讨》,载周廷儒等编《中国北方农牧交错带全新世环境演变及预测》,北京:地质出版社,1992年,第71—86页。

〔5〕 宋豫秦:《中国文明起源的人地关系简论》,北京:科学出版社,2002年,第39、40页。

〔6〕 夏正楷、邓辉、武弘麟:《内蒙古西拉木伦河流域考古文化演变的地貌背景分析》,《地理学报》2000年第3期,第329—336页。

〔7〕 孔昭宸、杜乃秋、刘观民、杨虎:《内蒙古自治区赤峰市距今8000—2400年间环境考古学的初步研究》,载周昆叔、巩启明编《环境考古研究》第一辑,北京:科学出版社,1991年,第112—119页。

〔8〕 孔昭宸、杜乃秋、刘观民、杨虎:《内蒙古自治区赤峰市距今8000—2400年间环境考古学的初步研究》,载周昆叔、巩启明编《环境考古研究》第一辑,北京:科学出版社,1991年,第112—119页。

〔9〕 莫多闻、杨晓燕、王辉、李水城、郭大顺、朱达:《红山文化牛河梁遗址形成的环境背景与人地关系研究》,《第四纪研究》2002年第2期,第174—181页。

续　表

年代	自然剖面	文化层	备注
6000－5000 a B.P.	5375±90aB.P.,热水塘剖面,克什克腾旗境内,大兴安岭南麓东坡。该地区有一明显湿润环境,植被茂密,土壤有机质累计量大[1]。	着李属灌木和小乔木[2]。 5500aB.P.,隆昌镇大坝剖面,巴林左旗境内,红山文化时期。疏林草原植被,反映气候温和较干[3]。 5500aB.P.,二道梁子剖面,巴林左旗境内,红山文化时期。疏林草原植被,反映气候温凉较干[4]。 5500 a B.P.,敖汉祭坛剖面,敖汉旗南部,红山文化时期。代表针叶、阔叶混交林草原植被,反映气候温暖较干[5]。 5300 a B.P.,富河沟门剖面,巴林左旗北部,富河文化时期。剖面Ⅰ针叶、落叶、阔叶混交林植被,反映气候温暖湿潮湿;剖面Ⅱ第一带,代表针叶、落叶、阔叶混交林草原植被,反映气候温暖较湿;第二带为针叶、阔叶混交森林草原植被,反映气候温暖潮湿[6]。	等,但未见大型奇蹄目,说明当时应是明显的高温期,表明西拉木伦河流域当时应该属于森林草原景观。

施雅风等人的研究结果表明: 7000－6000 a B.P.属于全新世气候最为适宜的时期,中纬度地区的年平均温度要比如今高 3－4℃,降雨量的增加导致处于暖温带的落叶、阔叶林带会向北推进大约 3 个纬度[7]。环境与气候的变化对

〔1〕　武吉华、郑新生:《中国北方农牧交错带(赤峰市沙区)8000 年来土壤和植被演变初探》,载周廷儒、张兰生等编《中国北方农牧交错带全新世环境演变与预测》,北京:地质出版社,1992年,第 55－70 页。

〔2〕　孔昭宸、杜乃秋、刘观民、杨虎:《内蒙古自治区赤峰市距今 8000－2400 年间环境考古学的初步研究》,载周昆叔、巩启明编《环境考古研究》第一辑,北京:科学出版社,1991 年,第 112－119 页。

〔3〕　宋豫秦:《中国文明起源的人地关系简论》,北京:科学出版社,2002 年,第 40 页。

〔4〕　宋豫秦:《中国文明起源的人地关系简论》,北京:科学出版社,2002 年,第 40 页。

〔5〕　宋豫秦:《中国文明起源的人地关系简论》,北京:科学出版社,2002 年,第 40 页。

〔6〕　宋豫秦:《中国文明起源的人地关系简论》,北京:科学出版社,2002 年,第 40、41 页。

〔7〕　施雅风、孔昭宸、王苏民:《中国全新世大暖期的气候波动与重要事件》,《中国科学(B 辑)》1992 年第 12 期,第 1300－1308 页。

于远古先民的生活与生产活动产生了极为重要的影响。

"8.2 ka B.P.事件"发生后,全新世的气候进入了大暖期阶段,7.5－6 ka B.P.时期是气候的最宜期,6－5 ka B.P.时期的气候则存在波动[1]。位于辽宁省的暖和洞钟乳石 δ^{18}O 记录与太阳辐射对应关系相对较好[2],可能指示出温度的变化,显示出该地区红山文化时期正处在全新世的大暖期中,温度相对较高。吉林省靖宇县的四海龙湾湖地区生物硅含量所指示的夏季风的强度显示,东亚地区夏季风的降雨量在 8 ka B.P.时期逐渐增强,但在 6.4 ka B.P.时期降为低值,而在其后的红山文化所处时期(6.5－5 ka B.P.)降雨量波动变化,但从总体来说弱于前期的 8－7 ka B.P.和后期的 3.7－3.2 ka B.P.[3]。科尔沁沙地南部边缘的 LJY 剖面和 XS 剖面显示分别在 6.97±0.76 ka B.P.和 7.32±0.77 ka B.P.[4],东南边缘的 ZGT 剖面和 Jinding 剖面显示分别在 7.58±0.81 ka B.P.和 7.4±0.79 ka B.P.[5],东北边缘的 TY 剖面显示在 8.12±0.84 ka B.P.发育古土壤[6],表明了新石器时代的早期兴隆洼－赵宝沟时期,沙地收缩,相比较而言该时期环境条件较湿润;科尔沁沙地的东北部边缘 ADQ 剖面显示在 4－3.5 ka B.P.发育沙质古土壤,东南部边缘的 KP 剖面显示在 3.46 ka B.P.时期左右发育沙质古土壤,显示出了后期夏家店下层时期沙地收缩、相比较而言环境条件较湿润。综合四海龙湾湖地区生物硅含量所指示的夏季风强度代表的降雨量变化,其与新石器时代的早期兴隆洼－赵宝沟时期和夏家店下层文化所在的青铜时代,较红山文化时期的夏季风弱,降雨量低。但是,生物硅含量所指示的夏季风的强度和降雨量变化较红山文化时期波动小,降雨量稳定[7]。相对

〔1〕　施雅风、孔昭宸、王苏民:《中国全新世大暖期的气候波动与重要事件》,《中国科学(B 辑)》1992
　　　　年第 12 期,第 1300－1308 页。

〔2〕　吴江滢、汪永进、董进国:《全新世东亚夏季风演化的辽宁暖和洞石笋 δ^{18}O 记录》,《第四纪研究》
　　　　2011 年第 6 期,第 990－998 页。

〔3〕　Schettler G, Liu Q, Mingram J, et al. "East-Asian monsoon variability between 15000 and 2000 cal. yr
　　　　BP recorded in varved sediments of Lake Sihailongwan (northeastern China, Long Gang volcanic
　　　　field)". The Holocene, 16(8): 1043－57.

〔4〕　Yang LH, Wang T, Zhou J, et al. (2012). "OSL chronology and possible forcing mechanisms of dune
　　　　evolution in the Horqin dunefield in northern China since the Last Glacial Maximum". Quaternary
　　　　Research, 78(2): 185－96.

〔5〕　Zhao H, Lu YC, Yin JH (2007). "Optical dating of Holocene sand dune activities in the Horqin sand-
　　　　fields in inner Mongolia, China, using the SAR protocol". Quaternary Geochronology, 2(1－4):
　　　　29－33.

〔6〕　弋双文、鹿化煜、曾琳等:《末次盛冰期以来科尔沁沙地古气候变化及流动沙丘边界重建》,《第
　　　　四纪研究》2013 年第 2 期,第 206－217 页。

〔7〕　Schettler G, Liu Q, Mingram J, et al. "East-Asian monsoon variability between 15000 and 2000 cal.
　　　　yr BP recorded in varved sediments of Lake Sihailongwan (northeastern China, Long Gang volcanic
　　　　field)". The Holocene, 16(8): 1043－57.

温暖和稳定的气候条件为红山文化的持续发展提供了保障。

同时期中原地区季风所带来的降雨量可能更多,气候湿润温暖。陕西扶风将杨村剖面与华阴县北刘村和老官台的剖面在 7 - 5.6 ka B.P.均显示低 $CaCO_3$ 值、高磁化率值,并且出现了古土壤,显示出该时期属于全新世时期气候最为适宜、湿润的阶段[1];陕西扶风县新店村的剖面、眉县清湫村的剖面、岐山县五里铺和南关庄剖面的 $CaCO_3$ 值在 6 ka B.P.前后呈现低值,其中五里铺的剖面磁化率值比较高,指示暖湿的环境。甘肃西峰的剖面乔木花粉的含量显示 5.6 ka B.P.以前为暖湿环境[2]。吕厚远等对渭南剖面孢粉、植硅体、蜗牛化石和磁化率以及粒度的记录进行了综合分析,认为 6.8 - 5.5 ka B.P.时为温暖的湿润期[3]。温暖湿润的气候条件很有可能促进仰韶文化的不断发展[4]。但辽西地区因为较干旱的气候条件,导致红山文化影响的范围有限。

"5.5 ka B.P.事件"(气候干冷化)广泛地记录于世界各地陆地与海洋的气候记录中[5],数据显示结果与同时期我国北方的气候特点一致,比如内蒙古岱海地区[6]与吉林省四海龙湾湖泊、哈尼泥炭[7]、北京大王庄剖面[8]等。该次

[1] Huang CC, Pang JL, Chen SE, et al (2003). "Holocene dust accumulation and the formation of polycyclic cinnamon soils (luvisols) in the China loess plateau". *Earth Surface Processes and Landforms*, 28(12): 1259-70.

[2] 徐娟:《西峰地区全新世黄土孢粉分析及其植被演化》,首都师范大学博士学位论文,2006 年。

[3] 吕厚远、张健平:《关中地区的新石器古文化发展与古环境变化的关系》,《第四纪研究》2008 年第 6 期,第 1050-1060 页。

[4] 许俊杰、莫多闻、周昆叔等:《中全新世至西汉时期沁河下游环境变迁浅析》,《水土保持研究》2013 年第 2 期,第 80-85 页。

[5] Magny M, Haas JN (2004). "A major widespread climatic change around 5300 cal.yr BP at the time of Alpine Iceman". *Journal of Quaternary Science*, 19(5): 423-30.

[6] Xiao J, Xu QH, Nakamura T, et al. "Holocene vegetation variation in the Daihai Lake region of north-central China: a direct indication of the Asian monsoon climatic history". *Quaternary Science Reviews*, 23(14-15): 1669-79. Peng YJ, Xiao JL, Nakamura T, et al. "Holocene East Asian monsoonal precipitation pattern revealed by grain-size distribution of core sediments of Daihai Lake in Inner Mongolia of north-central China". *Earth Planetary Science Letters*, 233(3-4): 467-79.

[7] Hong YT, Hong B, Lin QH, et al. "Inverse phase oscillations between the East Asian and Indian Ocean summer monsoons during the last 12 000 years and paleo-El Niño". *Earth Planetary Science Letters*, 231(3-4): 337-46. Hong B, Liu CQ, Lin QH, et al. "Temperature evolution from the δ18O record of Hani peat, Northeast China, in the last 14000 years". *Science China Series D-Earth Science*, 52(7): 952-64.

[8] 孔昭宸、杜乃秋、刘观民等:《内蒙古自治区赤峰市距今 8000-2400 年间环境考古学的初步研究》,载周昆叔编《环境考古研究》第一辑,北京:科学出版社,1991 年,第 112-119 页。

气候冷干化对于人类的文明产生了极为重要的影响[1]。科尔沁沙地东部边缘的 BYMH 剖面显示,5.63±0.3 ka B.P.时期由砂质古土壤开始向砂土层转变[2],显示了当地在红山文化晚期湿度降低,沙地扩张;红山文化很有可能于5.5 ka B.P.左右开始逐渐衰落,这与目前所发表的^{14}C 数据集成的概率累计曲线(在5.5 ka B.P.出现谷值)具有良好的对应关系。红山文化晚期的衰落可能和5.5 ka B.P.冷干事件有着直接关系。

6.5–5.5 ka B.P.气候温暖干燥,但相对稳定,这可能保证了辽西地区红山文化的持续发展;但相对于同时期的中原文化区,东北地区夏季风带来的降水相对较少,这可能导致红山文化的影响范围有限。

在本书写作过程中,笔者参与了"西辽河上游地区史前农业的形成和发展以及与当地生态环境演变的关系"课题,并参与了红山水库采样点的采样与环境分析工作。

红山水库位于内蒙古赤峰市东北部,距离赤峰市 90 千米,地处翁牛特旗、敖汉旗和松山区的交界,也是西辽河的主要支流——老哈河的上游。采样获得测年数据,依据沉积速率最早沉积年代约为 16650 a B.P.,最晚沉积年代约为12150 a B.P.,可以看出红山水库剖面沉积年代为晚更新世末期,进入全新世之前。红山水库孢粉分析数据显示,更新世末期,进入全新世以前,辽西地区是草原疏林植被,气候温和湿润。其中,值得重点讨论的是样品中发现的铁杉属花粉。现代铁杉属植物在我国只分布在秦岭以南的山区,其中湿度是影响铁杉分布的主要因素,而且铁杉要求气候温和,最低月均温度不低于−10℃,最高月均温度不高于20℃。样品中出现的铁杉孢粉往往指示湿润环境,而根据铁杉的出现可以推断气候变化。根据红山水库剖面样品中出现含量不低于 2%的铁杉花粉,可以推测当时辽西地区的山地上分布有铁杉林,此时的年较差比现代要小,气候温暖湿润,孕育了丰富的动植物资源,人类可以通过渔猎采摘在此地繁衍生息,同时,气候环境也关乎人类对动植物的选择与利用。

二、河流阶地的发育与地貌的变化

古地貌学研究主要致力于地形与地貌的变迁。夏正楷等学者认为,辽西地

〔1〕 吴文祥、刘东生:《5500 a B.P.气候事件在三大文明古国古文明和古文化演化中的作用》,《地学前缘》2002 年第 1 期,第 155–162 页。

〔2〕 弋双文、鹿化煜、曾琳等:《末次盛冰期以来科尔沁沙地古气候变化及流动沙丘边界重建》,《第四纪研究》2013 年第 2 期,第 206–217 页。

区在全新世伊始,史前文化遗址垂直分布于河流阶地,与这一时期的发育模式有着极为密切的关系[1]。根据对辽西地区野外的调查,这一地区普遍发育有两级台地。上部是黄土台塬,由极厚的黄土组成,塬面一般高于河面150－180米左右。河流的二级阶地一般高于河面10米左右,主要属于基座阶地,基座由黄土或基岩构成。在二级阶地之上往往覆盖有黄土,其中夹有2－3层的古土壤[2]。河流的阶地发育会直接影响人类生存的环境,对于人类栖息地的选择和迁移以及动植物资源的获取问题等都起着极为重要的作用。

三、科尔沁沙地的收缩与扩张

辽西地区的人类活动和科尔沁沙地的扩张与收缩是有着密切联系的。辽西地区位于科尔沁沙地的南部边缘,有着广泛的沙地分布。科尔沁沙地位于暖温带与半干旱地带,有着复杂多样的地貌特点。同时,科尔沁沙地核心地带的风力较强,加上人类活动的频繁,土壤风蚀比较严重。全新世开始,气候十分温暖湿润,有利于各类植物生长。但因受全球气候的波动影响,全新世期间,科尔沁沙地多次扩大与缩小。夏正楷先生综合学术界的各种研究成果,认为在全新世大暖期科尔沁沙地有过两次大规模进退,对辽西地区生态与环境的变迁及人地关系发挥了重要的影响。

科尔沁沙地第一次的收缩,集中在距今8000－5000年。这个时期是全新世的大暖期,气候条件最为适宜,科尔沁沙地呈现草原与森林相间分布的自然景观,沙丘被固定。辽西地区开始出现了北方的旱作农业,并且有了一定发展。

科尔沁沙地第一次的扩展,出现在距今5000－4000年前后。这一时期的气候恶化,出现降温事件。气候的恶化引起沙地的复活与扩大,势必造成了土地的减少,食物资源的短缺。因此,人类需要迁徙,辽西地区开始出现文化衰退的现象。

科尔沁沙地第二次的收缩,大体上限定在距今4000－3300年前后。这一时期辽西地区发育出一层比较厚的古土壤。沙地固定,沙化的面积大幅度减少,农业获得了发展。

科尔沁沙地第二次的扩展,在3300－2800年前后。这一时期新的冰期来临,气候恶化。随着风沙层的发育,沙地的面积扩大,农田遭到了破坏,农业经济

---

〔1〕 夏正楷、邓辉、武弘麟:《内蒙古西拉木伦河流域考古文化演变的地貌背景分析》,《地理学报》2000年第3期,第329－336页。

〔2〕 夏正楷、邓辉、武弘麟:《内蒙古西拉木伦河流域考古文化演变的地貌背景分析》,《地理学报》2000年第3期,第329－336页。

开始衰落,多数学者认为这一时期是辽西地区农业向牧业的转化极为重要的时期[1]。从一定的意义上讲,我们应该辩证地看待人类生业方式选择与科尔沁沙地变迁的关系问题。农业兴起,人口压力不断增大,腐殖质会给科尔沁沙地带来破坏,沙地不断推进、扩展;而气候寒冷,对农业耕作有着极大的影响,人类因此被迫减少对土地的利用和开发,导致科尔沁沙地沙化面积缩小。

　　科尔沁沙地的变迁与植被的关系也比较密切。对科尔沁沙地现存植被影响最大的冰期主要是第四纪的大冰期。距今 1.2 万年以前,第四纪的最后一次冰期结束,气候转暖,地球发展史进入了全新世。在这一时期内,地球上的气候十分温暖湿润,有利于各种植物的生长。据考古学家研究,该时期的松辽平原植被相当茂盛,呈现出一派疏林草原的景观。科尔沁沙地属于松辽平原的一部分,其植被十分繁茂。根据在库伦旗哈尔稿地区养畜牧河全新世地层中孢粉分析的结果,这一地区在全新世时期的植被类型属于森林草原或疏林草原[2]。在八九千年前的新石器时代早期,科尔沁沙地上就有了人类活动。但由于人类对环境破坏能力较低、程度较轻而使此间植被保持完好,生态环境没有受到更大的破坏。在全新世,赤峰市敖汉旗自然植被可能是温带森林。最能证明这一问题的是位于科尔沁沙地东部科左后旗境内的大青沟原生森林群落。这一植物群落应是全新世原生森林的残余。生长的树种主要有蒙古栎、黄波罗、水曲柳、紫椴、春榆等阔叶树,植被区系组成主要为长白植物区系和华北植物区系,混生有后侵入的蒙古植物区系成分。综上,可以认定全新世或原始时代的科尔沁沙地是一个森林与草原相间分布的自然地理景观,大多数沙丘固定,大面积的流动沙丘尚未出现,但在固定、半固定沙丘中仍有少量流动沙丘。

　　哈民忙哈遗址位于科尔沁沙地腹地,在遗址发掘过程中,吉林大学边疆考古研究中心汤卓炜先生对哈民忙哈遗址 I 区进行了孢粉分析土样采集[3]。孢粉鉴定结果显示,从哈民忙哈遗址生土层到地表层鉴定出的主要孢粉类型有禾本科、蔷薇科、松科、茜草科、百合科、豆科、蓼科、木兰科等,孢粉含量很低,但是从下到上有递增的趋势;下部文化层生物多样性很差,上部文化层生态多样性较强,表土层形成期次之。孢粉分析结果反映出的古生态环境是:禾本科花粉占

〔1〕 夏正楷、邓辉、武弘麟:《内蒙古西拉木伦河流域考古文化演变的地貌背景分析》,《地理学报》2000 年第 3 期,第 329–336 页。
〔2〕 蒋德明等:《科尔沁沙地沙地荒漠化过程与生态恢复》,北京:中国环境科学出版社,2003 年,第 95–97 页。
〔3〕 汤卓炜等:《哈民忙哈聚落遗址孢粉分析与哈民文化古生态环境初步研究》,《边疆考古研究》第 19 辑,北京:科学出版社,2016 年,第 341–345 页。

的比例最大,而禾本科是干旱环境植物的指征,证明这一地区可能存在一定范围的荒漠化;蔷薇科、松科、茜草科、豆科、蓼科等花粉的发现,又都显示当时的环境可能并不十分干燥,环境指征的差异性反映出生态环境的多样性。研究者进一步指出,科尔沁沙地第一层的古土壤发育期,草原植被生长茂盛,蒿属、藜科占优势,其他有少量的豆科、菊科、唇形科、苋科、松属、麻黄属、栎属、榆属等,反映出温凉半湿润的森林草原环境,气候相对温湿,这种植被组合有利于古土壤的发育,为农耕活动提供物质基础。宏观的环境背景是能够支持低水平的原始农耕活动的,但更适合于广普适应的渔猎采集活动[1]。

第二节　辽西地区新石器时代考古学文化的时空分布

一、新石器时期早期

（一）小河西文化遗址时空分布

通过全国第二、三次的文物普查与专项区域性的调查发现,辽西地区一共有小河西文化遗址 44 处。除西拉木伦河以北发现 4 处,遗址主要分布于西拉木伦河以南地区,并且以敖汉旗境内居多。遗址均位于发育良好的黄土坡地或者高台地上,其周围一般有高山,多靠近水系。该区域的林地、黄土资源和丰沛的水资源,给小河西文化先民的生活与生产提供了相对适宜的空间与丰富的食物。

（二）兴隆洼文化遗址时空分布

在辽西地区一共发现了兴隆洼文化的遗址 110 处。其中西拉木伦河北侧地区 27 处,西拉木伦河南侧地区 83 处,以敖汉旗境内居多。

兴隆洼文化时期的遗址数量较小河西文化的增多,分布的密度明显增大。尤其老哈河流域敖汉旗境内,遗址数量的增长趋势明显,遗址点分布的密度也比较大。从地貌上看,兴隆洼文化时期的聚落选址仍然是以坡地与高台地为主要居住地,但已开始了向河流阶地发展,并逐渐有了增多的趋势。同时,在西拉木

---

〔1〕　汤卓炜等:《哈民忙哈聚落遗址孢粉分析与哈民文化古生态环境初步研究》,《边疆考古研究》
　　　第 19 辑,北京:科学出版社,2016 年,第 341－345 页。

伦河南部地区的兴隆洼文化的聚落遗址,多集中于适合制作石器工具的拥有岩石资源的地区,并倾向于有利于农业生产的地区[1]。

二、新石器时代中期

(一)富河文化遗址时空分布

富河文化的遗址一共发现 38 处。分布于西拉木伦河北部地区的乌尔吉木伦河支流及两岸地区,主要集中于阿鲁科尔沁旗和巴林左旗两地,并且以巴林左旗地区最为密集。富河文化的遗址点呈现散点式分布,遗址之间彼此间隔较小。根据实地的调查发现,富河文化的遗址主要集中分布于河谷的低洼地带,并且以靠近河流作为第一要素,这样的分布态势和前一阶段文化遗址的分布不同,呈现出了单一性的特点。

(二)赵宝沟文化遗址时空分布

在西辽河地区总共发现了赵宝沟文化遗址 98 处。其中西拉木伦河北部地区一共发现 15 处,西拉木伦河南部地区一共发现 83 处,以敖汉旗境内居多。

赵宝沟文化的遗址数量较兴隆洼文化的有所减少。值得注意的地方是老哈河和西拉木伦河河间地带,这一区域在兴隆洼文化和小河西文化时期的遗址分布稀疏、零散,而赵宝沟文化的遗址却在增多,说明了赵宝沟文化的聚落选址在这一地区与地貌有密切关系。

赵宝沟文化的遗址多分布于坡地上。赤峰中美联合调查所获资料指出,"除了在阴河、锡伯河、半支箭河这些主要的河道两侧坡岗上有一些分布外,还发现一批分布在距干流较远一些的缓坡和山坡上的遗址"[2];吉林大学的滕铭予先生利用 GIS 分析,认为"赵宝沟文化遗址分布于低山和丘陵中遗址的比例面积之和接近 50%,甚至有少量分布于山中,明显超出了其分布于沟谷中遗址的面积,这种现象在此前兴隆洼文化和小河西文化时均不曾有发现"[3]。"似乎产生某种因素或是发生某种事件因而导致了赵宝沟文化的居民倾向选择海拔更加高的丘陵地带和具有更多岩石资源的地区"[4]。这样情形的出现可能和赵宝沟文化时期的生业方式选择有着一定的联系。

---

〔1〕　滕铭予:《GIS 支持下的赤峰地区环境考古研究》,北京:科学出版社,2009 年,第 40 页。
〔2〕　《内蒙古东部(赤峰)区域考古调查阶段性报告》,北京:科学出版社,2003 年,第 29 页。
〔3〕　滕铭予:《GIS 支持下的赤峰地区环境考古研究》,北京:科学出版社,2009 年,第 40、41 页。
〔4〕　滕铭予:《GIS 支持下的赤峰地区环境考古研究》,北京:科学出版社,2009 年,第 216、217 页。

（三）红山文化遗址时空分布

在辽西地区总共发现了红山文化的遗址 967 处。其中在西拉木伦河北部地区一共发现 99 处；西拉木伦河南部地区（主要为翁牛特旗辖区）共发现 79 处，红山文化在此区域激增，红山文化的扩张力得到突出显现；老哈河流域一共发现 680 处，以敖汉旗境内居多。从遗址的数量上看，红山文化较赵宝沟文化、兴隆洼文化有着明显的增长，呈现出大比例的上升趋势。

红山文化的遗址分布主要在大河流域，小聚落呈扇形或者环绕拱卫于大遗址周围，形成遗址群。遗址群多沿着河一线排列，呈现相互呼应的态势。遗址群间的分化现象也有突显。随着遗址数量的激增，海拔相对较高的低山与河谷地带成为红山文化先民的开拓地带，同时，高山之上偶尔也有遗址分布，但多是与祭祀有关。红山文化现已发现遗址的分布态势表明，红山文化先民在选择挑选聚落址时，对河流两岸低平地带有着浓厚的兴趣，同时对那些农业生产适宜的地带也表现强烈的倾向性[1]。

三、新石器时代晚期

小河沿文化遗址时空分布

在辽西地区总共发现了小河沿文化的遗址 82 处。其中西拉木伦河北部地区一共发现 5 处，西拉木伦河南部地区（主要为翁牛特旗辖区）一共发现 12 处，老哈河流域一共发现了 65 处。遗址的分布均比较稀疏，虽然敖汉旗的遗址数量最多，但与之前的红山文化已不具可比性。

小河沿文化的遗址多分布在丘陵、河谷地带。小河沿文化先民在选择居址的时候，对于适宜于农业生产的更新统黄土层地带、全新统冲积层和湖积层有着特殊的兴趣。同时，西拉木伦河南部地区适宜制作石质工具与不适宜制作石质工具的石料产区交错分布，小河沿文化表现出了对于前者的选择倾向性[2]。

第三节　辽西地区典型遗址调查与
植物遗存鉴定结果

在对辽西地区新石器时代的植物遗存进行综合研究时，本书所依据的资

---

〔1〕　滕铭予：《GIS 支持下的赤峰地区环境考古研究》，北京：科学出版社，2009 年，第 49 页。

〔2〕　滕铭予：《GIS 支持下的赤峰地区环境考古研究》，北京：科学出版社，2009 年，第 52 页。

料除前文介绍的兴隆沟第一地点、敖东、南湾子北第二地点、哈民忙哈聚落遗址、魏家窝铺聚落遗址的植物遗存的资料以外,还包括对辽西地区不同海拔高度和不同地理位置的考古学文化典型遗址的调查取样和浮选。典型遗址出土的炭化植物遗存,包括大麻、黍、粟等农作物的植物种子,以及虫实、草木樨、萎陵菜、灰菜、猪毛菜、锦葵、胡枝子、狗尾草等其他科属种子。这些炭化植物的出土与研究,对于全面了解辽西史前时代不同时间段的生业方式与人类活动具有着重要价值。

一、新石器时代早期

(一) 小河西文化遗址调查与植物遗存鉴定结果

小河西文化遗址此前没有进行过系统科学取样和浮选。我们对翁牛特旗南湾子北遗址及敖汉旗榆树山遗址等(表7-2)采用了剖面采样法采集土样,同时中国社会科学院考古所内蒙古第一工作队对小河西遗址展开了试掘,在试掘的过程中,采取了针对性的采样法获取大量土样。29份样品,共262升,浮选结果发现少量炭化植物遗存,包括3粒黍种子、1粒猪毛菜种子和4粒大籽蒿种子。

表7-2　小河西文化遗址调查浮选出土植物种子统计表

名称	编号	土量/升	碳量/克	旗县	黍	猪毛菜	大籽蒿	合计
榆树山	①	8	0.002	敖汉				
榆树山	②	8	0.005	敖汉				
榆树山	③	9	0.003	敖汉				
榆树山	④	9	0.006	敖汉				
榆树山	⑤	10	0.001	敖汉				
榆树山	⑥	9	0.008	敖汉				
榆树山	⑦	8	0.008	敖汉				
榆树山	⑧	8	0.1551	敖汉				
榆树山	⑨	8	0.0185	敖汉				
榆树山	⑩	6	0.0409	敖汉				
小河西	F1①	10		敖汉				
小河西	F1②	10		敖汉				
小河西	F1③	10		敖汉				

续　表

名称	编号	土量/升	碳量/克	旗县	黍	猪毛菜	大籽蒿	合计
小河西	F1③	10		敖汉				
小河西	F1④	10		敖汉				
小河西	F1⑤	10		敖汉				
小河西	F1⑥	9		敖汉				
小河西	F1⑦	9		敖汉				
小河西	F1⑧	10		敖汉				
小河西	F1⑨	10		敖汉				
小河西	F1⑩	11		敖汉		1		1
小河西	F1⑪	12		敖汉				
小河西	F1⑫	11		敖汉				
小河西	F1⑭	11		敖汉				
小河西	F1⑮	10		敖汉				
小河西	F1⑯	6		敖汉			4	4
南湾子北	①	6		翁牛特				
南湾子北	②-①	7	0.0031	翁牛特	1			1
南湾子北	②-②	7	0.0031	翁牛特	2			2
								8

南湾子北遗址处于翁牛特旗的西部,少郎河的支流波罗克河的北岸,是一处小河西文化的遗址,遗址周边并没有别的考古学文化遗址,因此以考古学文化的归属来看,发现的这 3 粒炭化黍应该是属于小河西文化时期的植物种子。黍的发现,说明了小河西文化时期应该存在着农业,但根据浮选结果来看,当时农业还处在早期阶段。小河西遗址浮选出土的大籽蒿和猪毛菜种子是田间杂草,同时也属于小河西文化先民采集的野生食物资源。

（二）兴隆洼文化遗址调查与植物遗存鉴定结果

为全面了解兴隆洼文化时期的生业方式,我们对属于兴隆洼文化时期的四道杖房、敖汉营子东、敖汉营子西、广德公大洼子、翁牛特旗丁家窝铺、克什克腾旗盆瓦窑等遗址(表 7-3),采用了剖面采样法展开了取样和浮选。在 12 份土样之中,仅在四道杖房遗址的土样中浮选出了 3 粒黍种子,其他遗址均未发现农作物与其他植物的种子。

表 7-3　兴隆洼文化遗址调查浮选出土植物种子统计表

名称	编号	土量/升	碳量/克	旗县	黍	合计
盆瓦窑	①	6	0.0039	克什克腾		
丁家窝铺西北	①-①	7.5	0.018	翁牛特		
丁家窝铺西北	①-②	7	0.0256	翁牛特		
丁家窝铺西北	②-①	7		翁牛特		
丁家窝铺西北	②-②	7	0.0065	翁牛特		
广德公大洼子	①	5	0.0651	翁牛特		
敖汉营子东	①	7	0.0064	翁牛特		
敖汉营子西	①-①	7	0.0153	翁牛特		
敖汉营子西	①-②	8	0.0628	翁牛特		
四道杖房	①	7	0.0168	翁牛特		
四道杖房	②-①	7	0.2347	翁牛特		
四道杖房	②-②	8	0.3905	翁牛特	3	3
						3

二、新石器时代中期

(一)赵宝沟文化遗址调查与植物遗存鉴定结果

为了对赵宝沟文化生业方式获得全面把握,我们对属于赵宝沟文化的小善德沟、哈拉海洼、杜力营子遗址采用了剖面采样法进行取样,并进行浮选工作。在 3 处遗址里的 7 份样品中,共浮选出 5 粒种子(表 7-4),包括 3 粒粟、1 粒黍和 1 粒锦葵种子。出土的植物种子绝对数量比较少。

表 7-4　赵宝沟文化遗址调查浮选出土植物种子统计表

名称	编号	土量/升	碳量/克	旗县	黍	粟	锦葵	合计
杜力营子	①	8	0.0704	敖汉				
杜力营子		5	0.0703	敖汉				
杜力营子	④	6	0.0438	敖汉				

名称	编号	土量/升	碳量/克	旗县	黍	粟	锦葵	合计
哈拉海洼	①	7	0.0147	松山		3	1	4
哈拉海洼	②	6	0.002	松山	1			1
小善德沟	①-①	7	0.0442	翁牛特				
小善德沟	②-①	7	0.0725	翁牛特				
								5

（二）红山文化遗址调查与植物遗存鉴定结果

我们对辽西地区属于红山文化时期的大窝铺、小洼子、敖包山、七家南梁、杜力营子5处遗址采用了剖面采样法进行取样与浮选（表7-5）。在5处遗址里的8份样品之中，浮选出植物种子2粒，包括1粒黍和1粒藜属藜种子。

表7-5　红山文化遗址调查浮选出土植物种子统计表

名称	编号	土量/升	碳量/克	旗县	黍	藜	合计
杜力营子	②	7	0.1054	敖汉			
七家南梁	②	5	0.0222	敖汉			
七家南梁	③	8	0.0086	敖汉			
敖包山	①	9		翁牛特			
小洼子	①	7	0.0433	翁牛特			
大窝铺	①-①	6.5	0.0765	翁牛特		1	1
大窝铺	①-②	7	0.1107	翁牛特	1		1
大窝铺	②	7.5	0.004	翁牛特			
							2

三、新石器时代晚期

小河沿文化遗址调查与植物遗存鉴定结果

因为小河沿文化的遗址非常少，仅选择了翁牛特旗兰平县村遗址展开了土样提取和浮选，在2份样品里没有并发现任何炭化植物的遗存。

表7-6 小河沿文化遗址调查浮选出土植物种子统计表

名称	编号	土量/升	碳量/克	旗县	合计
兰平县	①-①	7	0.1098	翁牛特	
兰平县	①-②	6	0.0428	翁牛特	

第四节 新石器时代植物遗存与生业方式的关系

一、新石器时代早期

（一）小河西文化时期植物遗存与生业方式选择

已发掘的小河西文化遗址有大新井遗址、西梁遗址、榆树山遗址、小河西遗址，聚落分布于近河坡地之上，房址成排分布，为长方形半地穴式。小河西文化遗址出土的器物主要有蚌器、骨器、陶器、石器等。陶器主要是素面夹砂陶，烧制时火候低，陶质极其疏松，制作陶器多采用贴塑法，器形多为平底筒形罐，制陶水平原始。石器有砍砸器、石刀、环形石器、石斧等。在房址的居住面上发现了动物骨头。在属小河西文化的查海遗址一期居住面上发现了一大批炭化的山杏核。对于小河西文化的生业方式，索秀芬先生认为小河西文化时期以农业为主，采集业同时也是重要的经济成分[1]。刘莉教授通过对敖汉旗西梁遗址所出土磨盘和磨棒的残留物与微痕分析，认为西梁遗址所出土的磨盘、磨棒主要用来碾磨百合、栝楼根和山药等植物块根。小河西文化的先民虽已在较大型的村落定居，但其经济形态明显继承了旧石器时代晚期采集、狩猎的传统。

综合南湾子北、小河西、榆树山等遗址所出土的炭化植物遗存的资料来看，南湾子北遗址发现了3粒炭化黍。小河西文化遗址中浮选出土的猪毛菜与大籽蒿的种子，应该属田间的杂草，但也有可能属于小河西文化先民采集的野生食物资源。结合小河西文化遗址的分布特点，居址内出土陶器、石器的原始程度，动物骨骼与炭化山杏核等坚果类植物遗存的发现，我们认为辽西地区新石器时代早期小河西文化的先民还属于小型采集狩猎的群体，其食物的来源主要依靠采集和狩猎，同时，应该开始了尝试着种植黍。小河西文化遗址发现的炭化黍是栽

〔1〕 索秀芬、李少兵：《小河西文化聚落形态》，《内蒙古文物考古》2008年第1期，第55-60页。

培作物,还是正处于驯化过程中,有待日后对典型遗址进行系统采样与深入研究。

(二)兴隆洼文化时期植物遗存与生业方式选择

无论是从分布地域广度还是营建聚落规模来看,兴隆洼文化势力都远超过了辽西地区所发现的小河西文化。

关于兴隆洼文化时期的生业方式,有学者认为兴隆洼文化的先民从事渔捞、采集、狩猎活动以维持生存[1],也有学者认为兴隆洼文化的先民过着定居农耕生活,并兼营渔猎[2]。上述观点在有限的资料基础之上展开了分析和探讨,对深入地了解兴隆洼文化时期的生业方式提供了重要参考。

兴隆沟第一地点在发掘过程中开展了系统浮选工作,出土了极为丰富的炭化植物遗存。在这些植物遗存中,发现炭化的粟与黍两种农作物的种子,兴隆沟文化的先民在距今约 8000 年之前就已经开始了种植粟与黍,但从粟与黍的形态特征来看,还处在早期驯化和栽培阶段。粟与黍在遗址里的绝对数量和出土概率偏低,说明粟与黍在兴隆沟文化先民的食物结构里所占比例不高。除兴隆沟第一地点的植物遗存资料外,对典型兴隆洼文化遗址展开区域性调查、取样和浮选工作,在多处兴隆洼文化的遗址都发现有炭化黍,说明了兴隆洼文化的先民已在生产实践之中,逐渐从杂草中选择、驯化并且种植黍,使其成为了当时重要的农作物之一。同时,在浮选的结果中,还发现了水棘针、狗尾草、青葙、藜和百里香等田间杂草类的植物遗存,说明了兴隆沟文化的先民所从事的农业种植是粗放的。

在兴隆洼文化晚期的南湾子北遗址出土的农作物遗存中,发现了 11 颗炭化黍粒,从其形态特征来看,保留了比较浓厚的野生祖本特征,应属栽培作物进化过程中的早期阶段。这使我们认识到农耕文化横向传播或纵向继承时,有可能会展现出发展不均衡这一特性;同时使我们更相信"农耕经济是由狩猎采集经济逐步演变而来的,是量化的过程,并不是一场革命"[3]。

关于辽西地区旱作农业起源问题,我们结合本地区动植物、气候和环境资源

---

〔1〕 [日]冈村秀典:《辽河流域新石器文化的居住形态》,载辽宁省文物考古研究所、中国考古学研究会编《东北亚考古学研究——中日合作研究报告书》,北京:文物出版社,1997 年,第 188 页。

〔2〕 杨虎:《试论兴隆洼文化及相关问题》,载《中国考古学研究》编委会编《中国考古学研究——夏鼐先生考古五十周年纪念论文集》,北京:文物出版社,1986 年,第 71-81 页。

〔3〕 赵志军:《探寻中国北方旱作农业起源的新线索》,《中国文物报》2004 年 11 月 12 日,第 7 版。

的分布情况,推测复杂多样的地形使得当地野生植物种类繁多。远古先民因食物供给丰富,过着相对稳定的生活。定居生活使得人们对于环境的认识不断深化,野生植物的用途与特性逐渐被人们熟知。人们最初是直接利用野生的植物,后来逐渐学会对野生植物进行栽培与控制。由于人们对植物产生了依赖性,特别是野生植物具有的食用价值,使植物驯化和栽培成为了必然。

另外,在兴隆沟遗址第一地点的浮选结果里还发现了蒙古栎、野山楂、野葡萄等可食用的野生植物遗存,说明了采集在兴隆沟人经济生活里占有很大比重。近年来,随着将科技手段运用于考古学中,对于兴隆洼文化时期出土的石磨盘和磨棒上的淀粉粒的分析,也取得了相当的成果。通过对白音长汗遗址出土石磨等工具进行的实验性研究,发现这些研磨工具用于加工黍、橡子等植物食物,表明中国北方地区新石器时代早中期的研磨工具应该既用于加工驯化植物,又用于加工野生植物[1]。

除兴隆沟第一地点与南湾子北遗址的浮选结果之外,辽宁阜新查海遗址也获取了大量的数据信息。在查海遗址发掘过程中采集了少量炭化植物标本,包括木炭和炭化种子、果实。炭化种子共发现约10种,包括山杏的内果皮和种子、胡桃属的内果皮、榛子的果壳、豆科种子、禾本科大狗尾草、狗尾草和马唐属的颖果等[2]。查海遗址出土的炭化种子应是当时先民植物性食物来源较丰富的反映。同时,这些植物都是可食的野生植物类型,在遗址中获取的淀粉粒遗存也包括大量禾本科植物种子和块茎类植物淀粉,表明当时采集野生植物是聚落居民获取植物性食物的主要方式。

兴隆洼文化遗址均出土有大量动物骨骼,其中猪和鹿的骨骼是最多的。对这些猪骨进行鉴定,除个别的头骨上能看到可能是属于家猪的特征之外,绝大多数骨骼属于野猪。在阜新查海遗址也发现了大量的猪骨,有可能是野猪,也有可能是处于驯化初期形态未发生变化的家猪;从猪的死亡年龄来看,以成年为主,有一定的集中性,可能有人为干预的因素在里面;从猪骨的出土频率和数量比例等方面看,猪是先民日常生活中最重要的动物,可能是先民肉食的主要来源[3];祭祀坑的出现,说明当时的猪还有宗教等其他方面的特殊意义。大量出

〔1〕 Dawei Tao (2011). "Starch grain analysis for groundstone tools from Neolithic Baiyinchanghan site: implications for their function in Northeast China". *Journal of Archaeological Science*, (38): 3577 – 83.

〔2〕 辽宁省文物考古研究所:《查海:新石器时代聚落遗址发掘报告》,北京:文物出版社,2012年,第625 – 647页。

〔3〕 辽宁省文物考古研究所:《查海:新石器时代聚落遗址发掘报告》,北京:文物出版社,2012年,第625 – 647页。

土的野生动物的骨骼表明,狩猎在兴隆洼文化经济生活中占主导地位。

同时,人和动物骨骼样品的稳定碳同位素分析对于认识新石器时代的生业方式也至关重要。考古工作者在赤峰开展了系统化的同位素研究,选择兴隆沟三处地点的人和动物骨骼标本进行同位素分析。结果表明,赤峰地区先民大量消费粟、黍始于兴隆沟第一地点。虽然同位素值并没有直接告诉我们农作物的驯化过程,但兴隆沟第一地点粟、黍在饮食结构中所占比重表明粟、黍被用作主食。在整个赤峰地区的新石器时代和青铜时代,饮食中 C_4 食物的比例在增加。在新石器时代早期没有强 C_4 同位素标记的动物表明,那个时期先民的 C_4 不是来自以粟、黍为食的动物,而是来自直接食用粟、黍。在青铜时代,先民的 C_4 可以被解释为源自粟、黍或以粟、黍为食的动物消耗的增加,因为同期动物也含有 C_4。

综合上述资料可知,兴隆洼文化的先民已经开始了以黍和粟为主要农作物的、相对粗放的旱作农业,但还处在早期驯化和栽培阶段,兴隆洼文化先民的主要生业方式是狩猎、渔捞、采集等。多种经济的并存给大型居址的出现提供重要物质保障。

(三) 与黄河流域同时期文化生业方式的比较

在黄河流域新石器时代早期的考古学文化中,与兴隆洼文化并列发展的主要有大地湾文化、后李文化、磁山文化、裴李岗文化。上述考古学文化基本都有定居村落,开始农耕生产与饲养家畜等。

磁山文化最早发现了炭化植物的遗存,在 20 世纪 70 年代的发掘中,磁山遗址出土大量小米遗存,曾引起学术界讨论旱作农业起源的热潮。但这些小米遗存出土时已经灰化,无法辨识。最近有学者对磁山遗址的小米遗存重新进行植硅体鉴定与研究,发现磁山遗址出土的谷物以黍为主。综上,磁山文化时期农业已经出现。

近年来,植物考古学家对裴李岗文化的贾湖遗址展开了取样和浮选工作。贾湖遗址获得的植物炭化遗存包括在红烧土中找到的 10 个稻壳印痕和少数黍的残片标本,稻壳印痕的纵沟宽 140 - 350 微米,与现代稻谷粒释纵脉棱宽(140 - 280 微米)大致吻合,从形态学特征上排除了这些印痕属于野生稻壳;在贾湖遗址,植物考古学家通过水选法获得近千粒稻谷颗粒,并对保存完整、特征明确的 197 粒炭化稻米的粒长、粒宽、长宽比进行了测量统计[1],证明贾

---

[1] 河南省文物考古研究所:《舞阳贾湖》,北京:科学出版社,1999 年,第 883 - 891 页。

湖遗址出土的稻谷为具有原始形态的稻谷遗存;还有部分遗址发现了可能是被种植利用的野大豆,以及当时采集的莲藕、菱角、栎果等可以食用的野生植物遗存。

在贾湖遗址中出土了大量动物骨骼。在 14 种哺乳动物中,除可以确认为家养的猪、狗以及可能经人工驯养的黄牛、水牛、羊外,其他如梅花鹿、四不像鹿、獐、貉、狗獾、豹猫、野猪、野兔、紫貂等均为野生动物,均应是人们的猎获物,即狩猎对象。另外,在贾湖遗址中还发现了三种鸟类(环颈雉、丹顶鹤、天鹅)的骨骼,这些鸟类多活动于疏林草原和湖沼地带,其骨骼在遗址中出现表明,这些鸟类也是人们的猎获物[1]。

赵志军认为,"贾湖地区先民于距今 8000 年前左右虽然已经开始种植稻谷,但经济生产活动主体仍然是采集狩猎,稻谷种植于当时仅仅是辅助性和次要生产活动"[2]。在与贾湖同时期的遗址中,也可见到通过采集获取的植物遗骸,如裴李岗遗址发现的梅核、酸枣核、核桃壳等,莪沟遗址发现的麻栎、枣核、核桃等,石固遗址发现的榛子、野胡桃、白榆、酸枣等,水泉遗址发现的胡桃楸果壳、栓皮栎果核、酸枣核等。根据以上遗址出土遗物,并结合贾湖遗址的发现,表明裴李岗文化时期采集经济作为植物类食品的重要补充形式,仍然是普遍存在的。

大地湾文化的大地湾一期遗址发现有少量的黍粒遗存,经中国科学院植物研究所鉴定,第一期 H398 出土的黍在国内考古发现的同类标本中时代是最早的。说明在距今 8000－6000 年时大地湾地区就出现了以粟和黍为代表的原始农业[3]。虽然已有了原始农业,但出土的收割工具数量少且不规整,加工谷物的石磨盘仅发现 1 件,农业仍处于初始阶段,难以占据经济主导地位。狩猎始终是大地湾先民为满足生活需要、获取肉食的主要来源。在可鉴定的 14856 件哺乳动物骨骼中,鹿科动物达 7179 件,占总数的 48%[4],这说明当时人们主要猎取的动物是较为温顺的鹿科动物。同时在大地湾一期还有捕鱼工具,虽然数量少,但说明渔捞在大地湾一期时也存在,只是所占比例较低。

后李文化是目前海岱地区发现的最重要的新石器时代早中期文化,距今

〔1〕 河南省文物考古研究所:《舞阳贾湖》,北京:科学出版社,1999 年,第 900、901 页。
〔2〕 赵志军:《河南舞阳贾湖遗址浮选结果分析报告》,载《植物考古学:理论、方法和实践》,北京:科学出版社,2010 年,第 107、108 页。
〔3〕 刘长江、孔昭宸、郎树德:《大地湾遗址农业植物遗存与人类生存的环境探讨》,《中原文物》2004 年第 4 期,第 26－30 页。
〔4〕 甘肃省文物考古研究所编著:《秦安大地湾:新石器时代遗址发掘报告》,北京:文物出版社,2006 年,第 704 页。

9000 - 7000 年。考古学研究表明,后李文化已经存在定居聚落,社会组织结构可能处于母系大家族的阶段。目前展开了植物遗存分析的后李文化遗址有:前埠下、西河、月庄、张马屯、小荆山和彭家庄等遗址,这些遗存材料显示,这一时期先民的植物性食物组合十分丰富,主要来自采集的野生资源。已发现的野生植物遗存包括禾本科、豆科、藜科、莎草科、唇形科、茜草科、十字花科、罂粟科、蓼科、榆科、马齿苋属、酸浆属、桵木属、葡萄属、桑属、李属、苔草属、小叶朴、野西瓜苗和芡实等植物的种子和果实等,涵盖了草本、木本和水生植物。通过微体遗存分析发现了部分植物遗存残留物,如块根块茎可食部分和坚果类植物果实的淀粉粒、禾本科种子的淀粉粒和来自茎秆的植硅体等[1]。从动物骨骼来看,动物遗存比较丰富,种类包含哺乳动物、软体动物、鱼类、鸟类和爬行动物等。软体动物和鱼类均为淡水种属,说明聚落周围应有较大面积的淡水水域以供渔猎。楔蚌、丽蚌等贝类的大量出现表明当时的气候温暖湿润,降水丰富,聚落附近具有适于这类软体动物生存的流水环境。狐、野猪、鹿类等常栖身于灌木丛或山林之中,它们的频出揭示了遗址周围的森林或树林植被环境。从植物遗存来看,后李文化的粟类作物已经脱离了野生的行列,是人类主动种植以获取稳定食物的对象。张马屯遗址的黍较粟多,这些炭化粟和黍与同出的狗尾草属种子在形态上与尺寸上存在明显不同[2],而与年代稍晚的大地湾、兴隆沟第一地点遗址的同类遗存相近。不可否认,后李先民依赖于采集的食物资源,但粟类作物的栽培与驯化在后李文化中被传承下来,并在一定范围内得到发展。

新石器时代的早期阶段,黄河上游和中游地区、海岱地区、辽西地区的考古资料和植物遗存的信息显示,距今 8000 年左右,已经出现早期农业,但是在生业方式中居于次要的地位,采集、渔猎等仍然是该阶段主要的经济活动。从农业起源和发展的阶段来看,这一时期处在北方地区旱作农业早期阶段[3]。

二、新石器时代中期

(一) 富河文化时期生业方式的选择

富河文化是西拉木伦河北部和红山文化相互交错分布的考古学文化。关于

---

〔1〕 吴文婉:《海岱地区后李文化生业经济的研究与思考》,《考古》2019 年第 8 期,第 103 - 115 页。

〔2〕 吴文婉:《海岱地区后李文化生业经济的研究与思考》,《考古》2019 年第 8 期,第 103 - 115 页。

〔3〕 赵志军:《中国古代农业的形成过程——浮选出土植物遗存证据》,《第四纪研究》2014 年第 1 期,第 78 页。

富河文化的生业方式选择问题,有观点认为"富河文化是有一定农业的,渔猎占重要地位"[1]。另有观点认为"富河文化是以捕鱼采集狩猎为主,农业似乎还没产生"[2]。从经济结构来看,富河文化经济的结构和辽西地区史前时期主体经济的结构有着很大差别;从分布规律与文化的特征来看,富河文化和东北地区的关系更密切。由于富河文化遗址的数量较少,目前对于富河文化生业方式也仅限这样的认识。

富河沟门遗址出土大量的动物骨骼,种类有野猪,鹿类的麝、麋,还有狐、黄羊、狗獾、洞角类、犬科、鸟类等,其中鹿类占50%,野猪占17%,狗獾占9%,洞角类占2%,整体的动物群是现代东北的动物区系的山地森林型,未见到草原奇蹄类,也未见到大型猛兽。说明当时这个地区以茂密的森林山地自然景观为主,生业方式主要是狩猎。

从富河文化和兴隆洼文化、赵宝沟文化的承继关系,并结合富河文化聚落的分布和布局特点等进行分析,当时应该是存在农业的,但农业还处在早期的发展阶段。

（二）赵宝沟文化时期植物遗存与生业方式选择

将赵宝沟文化和兴隆洼文化相对比,其在动植物遗存、聚落形态和人口密度等方面并未表现出很大的进步。

从赵宝沟文化出土器物的特征分析,赵宝沟文化的经济结构呈现出多样性特点。应该包括农业、采集、渔捞和狩猎经济等。目前学术界对于赵宝沟文化的经济形态研究有两种观点,一种观点认为赵宝沟文化原始的经济形态主要是耜耕农业,狩猎与采集是补充[3]。另外一种观点认为在赵宝沟文化的经济结构中,狩猎经济居主导,采集、捕捞为补充,农业经济为原始阶段[4]。

在敖东遗址浮选出土了黍和粟两种炭化的农作物遗存,分别占已出土炭化植物遗存的29.41%和5.88%,同时,在区域性调查的过程中,在杜力营子、哈拉海洼、小善德沟赵宝沟文化的遗址里浮选出土炭化黍1粒、粟3粒与锦葵科植物

〔1〕　徐光冀:《富河文化的发现与研究》,载中国社会科学院考古研究所编《新中国的考古发现和研究》,北京:文物出版社,1984年,第179页。

〔2〕　栾丰实:《试论富河文化的社会经济形态》,《史前研究》1984年第4期,第25–28页。

〔3〕　刘晋祥、董新林:《浅论赵宝沟文化的农业经济》,《考古》1996年第2期,第61–65页。

〔4〕　刘国祥:《关于赵宝沟文化的几个问题》,载《东北文物考古论集》,北京:科学出版社,2004年,第75–86页;刘国祥:《赵宝沟文化经济形态及相关问题探讨》,载《东北文物考古论集》,北京:科学出版社,2004年,第87–96页。

种子1粒。出土植物种子的绝对数量很少说明了当时已经种植以黍和粟为代表的农作物,但相较而言,黍在绝对数量与所占比例上要远高于粟,但仅从绝对数量上进行统计和分析可能会造成误差。因此,还要对黍和粟的出土概率进行量化分析,从黍和粟的出土概率分别为11.9%与2.38%。据此推断,黍在敖东遗址先民的日常生活、生产中所占比重更大。

赵宝沟文化出土的石器中,磨制石器有所增多,类型多样。赵宝沟遗址的每座房屋里都发现了石斧、石耜等,这两类工具大约占了石器总数的40%。通过针对赵宝沟遗址的石器展开微痕观察,多数被认定为农业工具。王小庆先生对赵宝沟文化遗址出土的石刃骨器进行了微痕分析,发现部分石刃骨器是作为谷物的收割工具使用的[1]。

赵宝沟文化出土的动物骨骼数量较多,以赵宝沟遗址为例,可鉴定种属的动物骨骼标本多达538件,动物种类有鹿、猪等14种,其中马鹿骨骼达179件,猪骨达138件。赵宝沟遗址并未全部发掘,但根据已出土动物的骨骼可粗略推算这些动物的体重总计4592.39千克,可提供的纯肉量为1196.19千克。由此可见,狩猎在赵宝沟文化时期仍然占据了主导地位。另外,从赵宝沟、小山等遗址出土的胡桃楸果核、鱼骨、贝壳来看,渔捞和采集也是赵宝沟文化生业方式重要的组成部分。

孢粉分析与古植物学的研究表明,距今8000－6000年左右,辽西地区属于典型的草原地带,广泛分布着夏绿阔叶林,气候温暖湿润。聚落周围是阔叶林、阔叶—针叶混交林和草原的过渡带环境,当时人们对于森林仍有着较大依赖性。

综合以上分析,赵宝沟文化时期开始有了农业经济,但还处在相对原始阶段,生业方式的主体仍是采集、渔捞和狩猎。

（三）红山文化时期植物遗存与生业方式选择

红山文化时期,进入了全新世的大暖期阶段,伴随着气候和环境的好转,地势较低的河谷台塬给人类先民的活动提供了广阔的生存空间,人类对于环境的作用与影响力也不断加强,土地承载力与供养力得到了进一步提高。在这样的大背景下,人类的定居点已经不再频繁更迭,重复利用率不断提高,生活更加稳定。

针对红山文化的生业方式,学者们从生产和生活工具的使用、聚落分布和环

---

〔1〕 王小庆:《石器使用痕迹显微观察的研究》,北京:文物出版社,2008年,第174页。

境的关系、社会结构和经济形态之间的关系与稳定同位素所反映出红山文化的经济结构等各方面展开有意义的探讨[1]。目前,大多数学者认为红山文化时期的农业经济已彻底取代采集—狩猎经济成为主导性的经济部门,农业的发展和由此导致人口的迅猛增长,促进了红山文化的繁荣,加速了红山文化社会复杂化的进程[2]。

　　近年来,兴隆沟第二地点、哈民忙哈遗址与魏家窝铺遗址在发掘过程中,也展开了科学取样和浮选。

　　根据浮选的结果分析,红山文化早期的魏家窝铺遗址经济生活包含了农业生产的成分,并以粟和黍这样的耐旱作物为主[3]。粟和黍为中国北方地区重要的旱作农业作物类型,西辽河流域以粟为主要农作物的旱作农业开始于兴隆洼文化时期[4]。兴隆沟遗址第一地点出土各类植物种子1万余粒,包括黍和粟这两种栽培的谷物。该地出土炭化黍粒仍然保留着较为浓厚的野生祖本特征,如粒形较长、尺寸较小,应为栽培作物进化过程里的初期品种[5]。以魏家窝铺遗址、兴隆沟第二地点为代表的红山文化时期,承续了辽西上游地区兴隆洼文化时期旱作农业的传统。但该时期黍与粟的绝对数量和出土概率,远远低于同期中原文化区,正式发掘的遗址如河南沟湾遗址[6]、刘庄遗址[7]、班村遗址[8],

〔1〕 索秀芬、李少兵:《红山文化研究》,《考古学报》2011年第3期,第301－326页;赵宾福:《东北石器时代考古》,长春:吉林大学出版社,2003年,第435、436页;张雪莲、王金霞、冼自强、仇士华:《古人类食物结构研究》,《考古》2003年第3期,第62－75页;韩茂莉:《史前时期西辽河流域聚落与环境研究》,《考古学报》2010年第1期,第1－19页;Liu XY, John MK, Zhao ZJ, Liu GX, Connell TCO (2012). "The Earliest Evidence of Millet as a Staple Crop: New Light on Neolithic Foodways in North China". *American Journal of Physical Anthropology*, 149 (2): 283－90.

〔2〕 王立新:《辽西区史前社会的复杂化进程》,《吉林大学社会科学学报》2005年第2期,第101－110页。

〔3〕 孙永刚、赵志军:《魏家窝铺红山文化遗址出土植物遗存综合研究》,《农业考古》2013年第3期,第1－5页。

〔4〕 赵志军:《从兴隆沟遗址浮选结果谈中国北方旱作农业起源问题》,载南京师范大学文博系编《东亚古物(A卷)》,北京:文物出版社,2004年,第188－199页。

〔5〕 中国社会科学院考古研究所内蒙古第一工作队:《内蒙古赤峰市兴隆沟聚落遗址2002－2003年的发掘》,《考古》2004年第7期,第3－8页。

〔6〕 王育茜、张萍、靳桂云、靳松安:《河南淅川沟湾遗址2007年度植物浮选结果与分析》,《四川文物》2011年第2期,第80－92页。

〔7〕 王传明、赵新平、靳桂云:《河南鹤壁市刘庄遗址浮选结果分析》,《华夏考古》2010年第3期,第90－99页。

〔8〕 孔昭辰、刘长江、张居中:《渑池班村新石器遗址植物遗存及其在人类环境学上的意义》,《人类学学报》1999年第4期,第291－295页。

四川营盘山遗址〔1〕,以及考古调查的河南〔2〕、甘肃〔3〕、青海〔4〕等地浮选的样品,均出土大量炭化的粟和黍,且出土概率高于80%。兴隆沟第二地点和魏家窝铺遗址鉴定出的黍和粟的绝对数量远远少于夏家店下层文化时期的兴隆沟第三地点(粟14716粒、黍1487粒)与松山区三座店遗址(粟9665粒、黍99348粒),粟和黍的出土概率也远远低于后两者(兴隆沟第三地点的粟为92%、黍为71%,松山区三座店遗址的粟为77%、黍为48%)〔5〕。以上数据可能说明了魏家窝铺遗址、兴隆沟第二地点所代表的红山文化时期农业系统在生业模式中所占的比重不高。

这种差异或许是由红山文化时期生业模式的多元化造成的。红山文化出土石器的特征显示:与农业有关联的石质工具以大型砍伐器与石耜一类起土的工具为主,缺少了农田细作使用的铲类工具,可能反映出当时大面积垦荒与粗放耕作生产的状况;薄刃锋利的打制石器、出土概率比较高的细石器与其他农业区所不见的骨梗石刃器均多和切割皮肉有关联,反映出饲养业、狩猎业的存在;在诸多遗址里出现的石镞,也反映出狩猎经济的形态〔6〕。红山文化牛河梁遗址出土的动物骨骼包括牛、猪、羊等家畜与梅花鹿、狍、獐、野猪、狗、黑熊、野兔、狗獾、东北鼢鼠等野生动物〔7〕,红山前遗址与白音长汗红山文化的地层发现有鹿的骨骼〔8〕,显示出家畜饲养、狩猎在经济生活里占有很大比重。在魏家窝遗

〔1〕 赵志军、陈剑:《四川茂县营盘山遗址浮选结果及分析》,《南方文物》2011年第3期,第60-67页。
〔2〕 Lee GA, Crawford GW, Liu L, et al. (2007). "Plants and people from the Early Neolithic to Shang periods in North China". *Proceedings of the National Academy of the Sciences of the United States of America*, 104(3): 1087-92.
〔3〕 An CB, Ji DX, Chen FH, et al. (2010). "Evolution of prehistoric agriculture in central Gansu Province,China: A case study in Qin'an and Li County". *Chinese Science Bulletin*, 55(18): 1925-30.
〔4〕 贾鑫:《青海省东北部地区新石器—青铜时代文化演化过程与植物遗存研究》,兰州大学博士学位论文,2012年。
〔5〕 赵志军:《中华文明形成时期的农业经济特点》,载中国社会科学院考古研究所科技考古中心编《科技考古》第三辑,北京:科学出版社,2011年,第1-35页。
〔6〕 索秀芬、李少兵:《红山文化研究》,《考古学报》2011年第3期,第301-326页;赵宾福:《东北石器时代考古》,长春:吉林大学出版社,2003年,第435-436页;张星德:《辽西地区新石器文化工具的量化研究与农业水平评估——兼论辽西地区文明起源的特点》,《东北史地》2008年第6期,第7-14页。
〔7〕 辽宁省文物考古研究所:《牛河梁:红山文化遗址发掘报告(1983-2003年度)》,北京:文物出版社,2012年。
〔8〕 吕遵谔:《内蒙古赤峰红山考古调查报告》,《考古学报》1958年第3期,第25-40页;内蒙古自治区文物考古研究所:《内蒙古林西县白音长汗新石器时代遗址发掘简报》,《考古》1993年第7期,第577-586页。

址的浮选过程中,发现大量的鱼骨与软体动物的甲壳和部分动物的骨骼,显示出渔业经济在魏家窝铺遗址先民的经济生活里占有较大比重。采摘栎、小叶朴与胡桃楸等野生果实,是西辽河地区里新石器时代早期先民食物的来源之一[1],魏家窝铺等遗址中所见石磨棒与石磨盘等工具应该是与采集、加工有关系。

哈民忙哈遗址动物遗存分布广泛,绝大多数出土于房址内,经系统采集、筛选、统计,这批动物骨骼包括哺乳动物、爬行动物、软体动物、鸟类和鱼类五个门类,合计 38 个种属。在可鉴定标本中哺乳动物约占 2/3,种类有东北鼢鼠、大林姬鼠、黄鼠、鼠、黄鼬、野兔、狗獾、貉、狐狸、狼、獐、狍、梅花鹿、马鹿、猪、牛、马等。按统计数量排序,野兔标本 5003 件,最小个体数 315 个;猪 980 件,最小个体数 29 个;狍 195 件,最小个体数 16 个;东北鼢鼠 117 件,最小个体数 15 个;牛 50 件,来自 3 个个体中,除猪以外均为草原动物。从统计数据看,野兔标本占哺乳动物总数 75%,出土数量惊人,东北鼢鼠及其他啮齿类动物也占有较高比例,兔和鼠都是繁殖力强的草原动物,是利用价值较高的肉食资源[2]。在哈民忙哈遗址动物遗存中尚未发现饲养动物,所有标本均为野生动物。同时,遗址内出土的狩猎工具有石镞、骨镞、骨鱼鳔、骨柄石刃刀和石球等,但缺乏围猎大型动物的工具。据此判断哈民忙哈居民经常捕食的动物,以中小型哺乳动物和水生软体动物为主。

综上所述,狩猎、家畜饲养、采集、渔捞在红山文化时期的生业方式里占据着重要地位,以黍与粟为代表的中国北方地区的旱作农业水平不高。

红山文化分布的中心区域——辽西地区位于东北平原、华北平原和蒙古高原的三角地带,是一处典型的生态环境的过渡带。地处季风的边缘区,生态环境比较脆弱,气候相对干旱。辽西地区的红山文化时期相对温暖和干燥的气候条件或许限制了这一地区农业经济的发展,先民们不得不从事采集、家畜饲养、渔捞、狩猎等补充食物资源。因红山文化持续时间较长,总体而言,无论出土遗物的数量,还是聚落的规模都要高于本地区新石器时代早中期的考古学文化[3],

[1] 孔昭宸、杜乃秋、刘观民等:《内蒙古自治区赤峰市距今8000-2400年间环境考古学的初步研究》,载周昆叔编《环境考古研究》第一辑,北京:科学出版社,1991年,第112-119页。

[2] 朱永刚:《哈民忙哈遗址经济形态研究:一个居住模式与生态环境悖论的推导》,《边疆考古研究》第19辑,北京:科学出版社,2016年,第313页。

[3] Drennan RD, Peterson CE (2006). "Patterned variation in prehistoric chiefdoms". *Proceedings of the National Academy of the Sciences of the United States of America*, 103(11): 3960-7. Petersona CE, Lu XM, Drennanc RD, et al. (2010). "Hongshan chiefly communities in Neolithic northeastern China". *Proceedings of the National Academy of the Sciences of the United States of America*, 107(13): 5756-61.

这或许为时间尺度上"集聚效应"的产物。但红山文化时期赤峰地区遗址的数量与总面积（751 处，19.7936 平方千米）依然低于夏家店下层文化时期（2964 处，38.0544 平方千米）与夏家店上层文化时期（668 处，20.6672 平方千米）[1]。同时，红山文化时期人类倾向生活于沟谷、洪积平原与冲积平原等低海拔的地区及丘陵与低山等海拔较高地区[2]。前者可能受渔业经济影响，后者可能和狩猎与采集经济有关。红山文化分布的中心区域，地貌的种类丰富，海拔之间差异显著（120 - 2100 米）。不同地貌单元为该地区人类的生产方式多样化提供了环境条件，促进了这一地区生业模式多样化。

（四）与黄河流域同时期文化生业方式的比较

在黄河流域的新石器时代中期，和红山文化、赵宝沟文化同时期发展的主要有仰韶文化、大汶口文化。

仰韶文化是分布于黄河中游的黄土高原等广大地域内的原始文化。对于仰韶文化时期生业方式和植物遗存的研究，以鱼化寨遗址为代表。鱼化寨遗址在今陕西西安雁塔区，皂河西岸。2002 年，西安市文物保护考古研究院针对该遗址展开了发掘。鱼化寨遗址的仰韶文化遗存划分为早、中、晚三个时期，早期又划分为三段，分属于仰韶文化半坡类型的早期、中期、晚期，鱼化寨中期遗存应该为仰韶文化庙底沟类型，晚期遗存应该属半坡晚期[3]，年代在距今 6500 -6000 年之间。

鱼化寨遗址中浮选出土各种炭化植物种子 12800 粒，其中黍和粟出土数量最多，二者合计占所有出土植物种子的 61%。还发现了少量炭化的稻米。其他出土的植物种子有杂草类植物，以及菱角等可食用的植物[4]。据统计，农作物种子的出土概率可高达 81%，说明黍和粟为鱼化寨先民主要的食物资源。据此，赵志军先生判断仰韶文化早期生业形态已是以农耕型生产为主。

大汶口文化属于海岱地区的新石器时代中期的重要考古学文化，因山东泰安大汶口遗址得名。近年来，随着海岱地区的植物考古学研究的不断深入，对于大汶口文化的植物遗存和生业方式之间关系的研究，取得了喜人的成果。

---

〔1〕 滕铭予：《GIS 支持下的赤峰地区环境考古研究》，北京：科学出版社，2009 年，第 46 - 56 页。

〔2〕 滕铭予：《GIS 在西拉木伦河以南地区环境考古研究中的初步应用》，《内蒙古文物考古》2007 年第 1 期，第 81 - 105 页。

〔3〕 西安市文物保护考古研究院：《西安鱼化寨遗址发掘简报》，《考古与文物》2012 年第 5 期，第 3 - 17 页。

〔4〕 赵志军：《中国古代农业的形成过程——浮选出土植物遗存证据》，《第四纪研究》2014 第 1 期，第 78 页。

大汶口文化遗址开展过系统取样和浮选工作的典型遗址有北阡遗址、尉迟寺遗址等。

大汶口文化早期的北阡遗址出现了稻、黍、粟三种粮食作物,但无论是从出土概率还是绝对数量看,黍始终占有绝对优势,为最主要的农作物;说明在大汶口文化早期,旱作农业开始形成以黍为主、粟次之的种植格局,这种情况也同时存在于中国北方地区的仰韶文化晚期之前的许多遗址中[1]。

尉迟寺遗址浮选结果中炭化植物遗存含量比较丰富,其中近一半为稻谷、黍和粟三种谷物遗存,说明了大汶口文化晚期正处于农业经济发展的阶段,农业生产为当时先民物质生活资料主要的来源[2]。

从赵宝沟文化、红山文化、仰韶文化和大汶口文化时期的植物遗存与生业方式研究的结果来看,新石器时代的中期,在黄河流域的仰韶文化和大汶口文化中,农业生产于生业方式之中占据着主导地位,在不同的地区处于不同的发展阶段,农作物的品种也发生了变化,稻谷种植在海岱地区得到了重视。而辽西地区的红山文化虽然存在农业种植,但还处在早期发展的阶段,采集、狩猎、渔捞是这一地区主要的生业方式。红山文化、仰韶文化和大汶口文化生业方式的变化,受到了各个地区生存条件与地理环境的制约和影响,这一点在辽西地区表现得比较突出;同时不同地区文化间的交流和互动在农作物品种、种植技术上也有反映,这一点可从大汶口文化早、晚期农作物的品种上见到。总体来看,距今6500年前后黄河流域已完成由采集狩猎到旱作农业的转化。

三、新石器时代晚期

(一)小河沿文化时期植物遗存与生业方式选择

小河沿文化的聚落资料比较少,目前所见大多数是墓葬的资料。学界曾针对小河沿文化的生业方式进行探讨,一般认为小河沿经济生活是农牧相结合兼营狩猎[3]。

为了更进一步了解小河沿文化时期的生业方式,我们针对兰平县村遗址开展了调查、取样与浮选,但在2份样品里没有发现炭化植物遗存。虽然没有出现

---

〔1〕　王海玉:《北阡遗址史前生业经济的植物考古学研究》,山东大学硕士学位论文,2012年,第55页。

〔2〕　赵志军:《安徽蒙城尉迟寺遗址浮选结果分析报告》,载《植物考古学:理论、方法和实践》,北京:科学出版社,2010年,第109–119页。

〔3〕　郭大顺、马沙:《以辽河流域为中心的新石器文化》,《考古学报》1985年第4期,第423页。

农作物的遗存,但小河沿文化的器物群特征大多来自红山文化这一文化主体,以这样的现象来分析,小河沿文化经济中是应该存在农业的。

　　针对小河沿文化的生业方式,我们只能据小河沿文化的居址与墓葬资料展开分析和归纳。发现的小河沿文化房址不多,目前所见房址的面积较小,一般不足 10 平方米。在房址的周围发现了数量不一的灰坑,可能为存放物品的窖穴。从房址的布局来看,当时建筑显得比较简陋。小河沿文化器物有石器、陶器、骨器、蚌器等。石器加工的方法分别为打制、磨制、压削三类,主要有斧、锛、凿、刀、钺、镞、石叶、璧、环、镯、璜、管、珠等。陶器主要是筒形罐、钵、盆、盂、尊、豆、壶、器座、案、勺等。骨器主要是匕、锥、镞、针、针筒、环、束发器等。蚌器多是装饰品,主要有珠、环、长方形牌饰等。在上述器物里,骨梗石刃刀为小河沿文化的代表性器类,大南沟墓地一共出土 13 件,皆选用动物的肢骨劈裂为两半作为柄体,一侧或者两侧的中部有凹槽,用来嵌粘石叶,石叶多呈长方形,两端石叶近三角形,外凸弧刃,石叶通体进行压削修整,外侧边缘均加工出刃部。赵宾福先生对于嫩江流域新石器时代生业方式展开的研究,发现我国的农业文化所未见的复合骨梗石刃刀具,在很大的程度上已经成为渔猎生产经济的一种标识[1]。小河沿文化所出骨梗石刃刀,从其锋利程度来看,应该为切割兽肉、剥离兽皮的主要工具。

　　小河沿文化的遗址较少,人口的密度降低,大概和当时气候的恶化、土地承载力的降低有关。孢粉分析表明,距今 5000 年左右,辽西地区的落叶阔叶林开始减少,适应性比较强的桦树与喜温干的松树增多,中温性的草原占据了海拔较低的丘陵地区,气候可能向着温干的方向发展。相对干冷的气候条件,对小河沿文化的生业方式选择造成了影响。

　　综合以上分析,我们判断小河沿文化时期应该是存在农业的,但生业方式的主体还是这一地区传统的采集、狩猎和渔捞。

　　(二) 与黄河流域同时期文化生业方式的比较

　　小河沿文化的年代与黄河下游地区的山东龙山文化存在一定的重合,对于山东龙山文化所代表的历史时期,考古学上一般称之为龙山时代。

　　开展过浮选工作的龙山文化代表性遗址包括王城岗遗址、两城镇遗址以及教场铺遗址等。

---

〔1〕 赵宾福:《嫩江流域新石器时代生业方式研究》,载张忠培、许倬云编《新世纪的考古学——文化、区位、生态的多元互动》,北京:紫禁城出版社,2006 年,第 21 页。

　　两城镇龙山文化遗址在山东省东南部,位于黄河下游和淮河之间古迹丰富的地带,属于海岱地区。这个区域有丰富的新石器时代遗址,该地区气候温和,每年夏季温暖湿润,冬季干冷。龙山文化时期的年度平均气温高于现在的平均气温。植被由落叶和针叶树类群组成。

　　考古工作者在两城镇开展了系统的浮选工作,发现稻、粟、黍和小麦,粟和稻都是极为重要的农作物,而且和大汶口文化时期相比,稻呈现出了更为重要的作用,发掘者认为有可能是龙山文化农业发展的一个主要因素[1]。同时,靳桂云先生对山东地区的龙山文化进行过浮选的遗址展开了综合分析,得出以下结论:一是以农作物为主,野生植物的数量与出土概率都明显低于农作物;二是农作物包括了稻、粟、小麦与大麦;三是经正式发掘并开展植物考古学研究的4个遗址里均出土一定数量的野生植物遗存,说明采集野生植物为当时食物资源的补充[2]。相当数量的野生植物遗存的出现,也侧面说明了当时农业还没进入精耕细作阶段。在两城镇遗址出土的动物遗存主要是哺乳动物以及少量鸟类,根据鉴定结果,动物物种主要为家猪,还有少量的牛、鸟、小偶蹄类动物、鹿和狗[3]。虽然当地的环境适合狩猎和捕鱼,但是这一时期海岱地区以家畜为基础的经济形态在龙山文化时期已经建立起来。猪成为龙山时期海岱地区先民肉食的主要来源,牛、羊在龙山文化家畜饲养中占有一定比例,由于牛、羊的易于饲养性和饲料来源的广泛性,使得牛、羊的饲养得到普遍重视。

　　总体来看,海岱地区龙山文化时期的经济生活以农业为主,辅以饲养业,而渔猎和采集则是必要的补充,此外还有较发达的手工业等。

　　王城岗遗址位于河南省登封告城镇的西部,遗址坐落在告城镇西北约500米的五渡河西岸岗地上,南距颍河约400米,1954年发现。1976年河南省文化局文物工作队开始对该遗址进行首次发掘。2002-2004年又进行了新的发掘。遗址包含了从龙山文化晚期到春秋时期基本上相连的文化堆积。在2004年的发掘中,进行了采样与浮选工作,经鉴定,王城岗遗址出土的炭化植物种子包括粟、黍、稻谷、小麦和大豆五种农作物的炭化籽粒,合计4357粒。其他可鉴定的植物种子有黍亚科、豆科、藜科、蓼科、苋科、菊科等常见的杂草类植物种子,以及紫苏、酸枣核李属等植物种属的种子。在龙山文化晚期的浮选样品中,除北方的

〔1〕 [加]凯利·克劳福德、赵志军等:《山东日照市两城镇遗址龙山文化植物遗存的初步分析》,《考古》2004年第9期,第78页。

〔2〕 靳桂云:《龙山文化居民食物结构研究》,《文史哲》2013年第2期,第109-111页。

〔3〕 中美联合考古队:《两城镇——1998-2001年发掘报告》,北京:文物出版社,2016年,第1065页。

旱作农业传统作物黍与粟外,还出土一定数量的稻谷与大豆遗存[1],说明至少在龙山时代王城岗遗址的先民已经开始由种植粟类作物的单一种植制度逐步地转变为包括稻谷和大豆在内的多品种农作物种植制度。这种先进的种植制度的意义在于不仅可以提高农业的总体产量,而且还能够减少粮食种植的危险系数,是农业发展水平的重要标志;同时也表明这一时期中国北方地区的旱作农业农作物的布局,在黄河中下游地区已趋向了复杂化。农业的发展,促进了这一地区家畜饲养业的发展,在大多数遗址都发现了大量的动物骨骼。其中既有野生动物,又有狗、猪、牛、羊等家畜。家畜中以猪的数量最多,尤其是大量用猪来随葬,说明猪的饲养占有重要地位。

———————————

〔1〕 赵志军:《河南登封王城岗遗址浮选结果及分析》,载《植物考古学:理论、方法和实践》,北京:科学出版社,2010年,第145-164页。

第八章 结 语

第一节 主要结论

本书是第一次系统地对辽西地区新石器时代典型遗址浮选出的植物遗存及相关考古学资料的综合性研究。通过对一系列典型遗址的全面采样以及具有区域代表性的遗址的调查采样,获取了丰富的炭化植物遗存,在对其进行种属鉴定与科学分析的同时,结合不同遗址出土的动物骨骼、稳定同位素及技术手段所获取信息的综合分析,使我们对该地区不同考古学文化的生业方式有了一个直观、科学的认识。本书的研究,既推进了辽西地区旱作农业起源的探索,又在一定意义上深化了中国北方地区旱作农业起源、发展与传播方式和路径的综合研究。

在兴隆沟遗址第一地点和南湾子北遗址开展了系统的采样、浮选工作,经过种属鉴定,粟和黍在尺寸变化与形态特征上所表现出的原始特性,表明这些粟和黍在新石器时代早期还处于植物驯化与农作物早期栽培阶段。根据在中国北方地区各个遗址点所获取的相关信息,我们可以进一步确认兴隆沟先民在距今8000年前已经开始驯化并种植粟和黍,并证明辽西地区是中国北方旱作农业的重要起源地之一。

从兴隆沟遗址第一地点出土的杂草种子及动物骨骼来看,兴隆洼文化时期虽然已经开始驯化并种植农作物,但是其经济生活的主体是采集渔猎经济。与同一时期的黄河流域相比,这时的中国北方地区都处于旱作农业形成的早期阶段。

赵宝沟文化敖东遗址浮选出土了粟和黍两种炭化农作物遗存,证明了距今7000年前后,辽西地区继承了8000年前的农作物种植品种,已种植以粟和黍为代表的农作物。从绝对数量和出土概率来看,黍所占比例要远远高于粟。据此推断,黍在敖东遗址先民的日常生产、生活中所占比重更大。除此之外,遗址内出土了许多淡水蚌壳以及蚌饰,结合赵宝沟文化时期出土的石器、动物骨骼等资料来看,当时出现了相对原始的农业经济,采集、渔捞与狩猎仍然是生业方式的主体。通过与同时期黄河流域几处重要遗址的植物浮选结果进行对比,黍的绝对数量与出土概率高于粟在这一时期的北方地区具有普遍意义,一定程度上说明了农业还处于早期发展阶段。

魏家窝铺、哈民忙哈遗址的浮选结果显示,辽西地区的旱作农业起源与发展经历了漫长的过程。在新石器时代中期,农业有了一定程度的发展,但以采集、渔猎为主的经济仍然是其经济结构的主体。

辽西地区是从半干旱地区向干旱地区的过渡地带,也是对环境变化反映敏感的生态系统过渡带,受气候环境影响较大。农业的发展势必会增加对土地的利用率,在这样的自然条件下,必然会导致科尔沁沙地的沙漠化加重。所以,必须因地制宜,合理利用土地资源,转变生业方式。

第二节　今后的研究方向

辽西地区的新石器时代,时间跨度大,始自距今 9000 年前后,延续至距今4000年前后,且文化内涵丰富、复杂。本书在对研究资料进行系统整理时,虽然选取了具有代表性的典型遗址开展区域性调查,但难以涵盖该地区的所有考古学文化和全部区域;同时,受考古发掘资料所限,小河西文化、小河沿文化等文化的第一手植物考古遗存资料较少,小河沿文化目前所见的主要是墓葬资料,也在一定程度上制约了我们对小河沿文化植物遗存及其生业方式的认识。

中国北方旱作农业的起源、发展与传播是一个重要的学术课题,涉及考古学、历史学、作物栽培学、农业耕作技术等多门学科。本书只是选择了辽西地区这一具有代表性的区域,在对该区域不同考古学文化的典型遗址所获植物遗存的科学分析基础上,结合其他科技手段获取的信息得出的初步认识。随着学科的发展和研究的深入,我们还需要继续深化理论研究以及推进新的技术手段和研究方法,进而对辽西地区乃至中国北方地区的农业起源、发展与文明起源的关系等问题做出更为深入的探索。

参 考 文 献

专著

柴岩:《糜子》,北京:中国农业出版社,1999年。

陈戍国:《四书五经》,长沙:岳麓书社,1991年。

陈文华:《中国农业考古图录》,南昌:江西科学技术出版社,1994年。

关广清等:《杂草种子图鉴》,北京:科学出版社,2000年。

官春云:《现代作物栽培学》,北京:高等教育出版社,2011年。

郭大顺:《红山文化考古记》,沈阳:辽宁人民出版社,2009年。

郭大顺、张星德:《东北文化与幽燕文明》,南京:江苏教育出版社,2005年。

郭巧生等:《中国药用植物种子原色图鉴》,北京:中国农业出版社,2008年。

国家林业局国有林场和林木种苗工作总站:《中国木本植物种子》,北京:中国林业出版社,2000年。

哈斯巴根、苏亚拉图:《内蒙古野生蔬菜资源及其民族植物学研究》,北京:科学出版社,2008年。

雷兴山:《先周文化探索》,北京:科学出版社,2010年。

李根蟠:《中国古代农业》,北京:商务印书馆,2005年。

梁运华:《管子》,沈阳:辽宁教育出版社,1997年。

刘长江、靳桂云、孔昭宸:《植物考古——种子和果实研究》,北京:科学出版社,2008年。

刘铁志:《赤峰维管植物检索表》,呼和浩特:内蒙古大学出版社,2013年。

洛阳区考古发掘队:《洛阳烧沟汉墓》,北京:科学出版社,1959年。

洛阳文物工作队:《洛阳皂角树》,北京:科学出版社,2002年。

《内蒙古东部(赤峰)区域考古调查阶段性报告》,北京:科学出版社,2003年。

内蒙古自治区第三次全国文物普查领导小组办公室:《内蒙古自治区第三次全国文物普查新发现》,北京:文物出版社,2011年。

裴盛基、淮虎银：《民族植物学》，上海：上海科学技术出版社，2007 年。

彭邦炯：《甲骨文农业资料考辨与研究》，长春：吉林文史出版社，1997 年。

宋豫秦：《中国文明起源的人地关系简论》，北京：科学出版社，2002 年。

苏秉琦：《华人·龙的传人·中国人——考古寻根记》，沈阳：辽宁大学出版社，1994 年。

滕铭予：《GIS 支持下的赤峰地区环境考古研究》，北京：科学出版社，2009 年。

田广金、郭素新：《北方文化与匈奴文明》，南京：江苏教育出版社，2005 年。

田广林：《中国东北西辽河地区的文明起源》，北京：中华书局，2004 年。

王连铮、郭庆元：《现代中国大豆》，北京：金盾出版社，2007 年。

王小庆：《石器使用痕迹显微观察的研究》，北京：文物出版社，2008 年。

夏正楷：《环境考古学——理论与实践》，北京：北京大学出版社，2012 年。

谢树成、殷鸿福、史晓颖等：《地球生物学——生命与地球环境的相互作用和协同演化》，北京：科学出版社，2011 年。

信乃诠、王立祥：《中国北方旱区农业》，南京：江苏科学技术出版社，1998 年。

扬之水：《诗经别裁》，北京：中华书局，2012 年。

尹达：《新石器时代》，北京：生活·读书·新知三联书店，1955 年。

赵宾福：《东北石器时代考古》，长春：吉林大学出版社，2003 年。

赵培洁、肖建中：《中国野菜资源学》，北京：中国环境科学出版社，2006 年。

中国科学院植物研究所：《中国高等植物图鉴》，北京：科学出版社，1972 年。

中国科学院植物研究所植物园种子组、形态室比较形态组：《杂草种子图说》，北京：科学出版社，1980 年。

中国社会科学院考古研究所：《新中国的考古发现和研究》，北京：文物出版社，1984 年。

中华人民共和国农业部农药检定所、日本国（财）日本植物调节剂研究协会：《中国杂草原色图鉴》，东京：日本国世德印刷股份公司，2000 年。

中美联合考古队：《两城镇——1998－2001 年发掘报告》，北京：文物出版社，2016 年。

周振甫：《诗经译注》，北京：中华书局，2010 年。

朱越利：《墨子》，沈阳：辽宁教育出版社，1997 年。

［日］安居香山、中村璋八：《纬书集成》，石家庄：河北人民出版社，1994 年。

［瑞典］安特生著，袁复礼译：《中华远古之文化》，北京：文物出版社，2011 年。

G. Elliot Smith (1923), *The Ancient Egyptians and The Origin of Civilization*, London and New York: Harper & Brothers.

论文

阿如娜、吉平:《内蒙古通辽哈民遗址第三次发掘又获重要发现》,《中国文物报》2013 年 4 月 26 日,第 8 版。

陈星灿:《安特生与中国史前考古学的早期研究——为纪念仰韶文化发现七十周年而作》,《华夏考古》1991 年第 4 期。

陈雪香:《海岱地区新石器时代晚期至青铜时代农业稳定性考察》,山东大学博士学位论文,2007 年。

赤峰市红山区普查办:《魏家窝铺遗址》,载内蒙古自治区第三次全国文物普查领导小组办公室编《内蒙古自治区第三次全国文物普查新发现》,北京:文物出版社,2011 年。

段天璟、成璟瑭、曹建恩:《红山文化聚落遗址研究的重要发现——2010 年赤峰魏家窝铺遗址考古发掘的收获与启示》,《吉林大学社会科学学报》2011 年第 4 期。

郭大顺:《论东北文化区及其前沿》,《文物》1999 年第 8 期。

郭大顺:《渔猎文化与"萨满式文明"》,载辽宁省文物考古研究所编《红山文化学术研讨会论文集》,沈阳:辽宁人民出版社,2013 年。

郭大顺、马沙:《以辽河流域为中心的新石器文化》,《考古学报》1985 年第 4 期。

郭文韬:《试论中国栽培大豆起源问题》,《自然科学史研究》1996 年第 4 期。

《"哈民史前聚落遗址"再出土 500 余件史前遗物》,《长春日报》2014 年 1 月 21 日,第 6 版。

河北省文物管理处、邯郸市文物保管所:《河北武安磁山遗址》,《考古学报》1981 年第 3 期。

胡厚宣:《殷代农作施肥说》,《历史研究》1955 年第 1 期。

黄其煦:《黄河流域新石器农耕文化中的农作物》,《农业考古》1982 年第 2 期。

黄其煦:《"灰像法"在考古学中的应用》,《考古》1982 年第 4 期。

黄士斌:《洛阳金谷袁村汉墓中出土有文字的陶器》,《考古》1958 年第 1 期。

贾伟明:《农牧业起源的研究与东北新石器时代划分》,《北方文物》2001 年第 3 期。

降廷梅:《内蒙古农牧交错带全新世孢粉组合及植被探讨》,载周廷儒等编《中国北方农牧交错带全新世环境演变及预测》,北京:地质出版社,1992 年。

靳桂云:《后李文化生业经济初步研究》,载山东大学东方考古研究中心编著《东方考古》第 9 集,北京:科学出版社,2012 年。

靳桂云:《龙山文化居民食物结构研究》,《文史哲》2013 年第 2 期。

孔昭宸、杜乃秋、刘观民、杨虎：《内蒙古自治区赤峰市距今 8000 - 2400 年间环境考古学的初步研究》，载周昆叔、巩启明编《环境考古研究》第一辑，北京：科学出版社，1991 年。

李璠：《中国栽培植物起源与发展简论》，《农业考古》1993 年第 1 期。

李福山：《我国栽培大豆最早栽培地区探讨》，《作物品种资源》1987 年第 1 期。

李恭笃等：《试论小河沿文化》，载中国考古学会编《中国考古学会第二次年会论文集》，北京：文物出版社，1982 年。

李水城：《西拉木伦河流域古文化变迁及人地关系》，《边疆考古研究》第 1 辑，北京：科学出版社，2002 年。

李宜垠、崔海亭、胡金明：《西辽河流域古代文明的生态背景分析》，《第四纪研究》2003 年第 3 期。

梁思永：《热河查不干庙等处所采集之新石器时代石器与陶片》，载《梁思永考古论文集》，北京：科学出版社，1959 年。

辽宁省博物馆等：《辽宁敖汉旗小河沿三种原始文化的发现》，《文物》1977 年第 12 期。

林沄：《东胡与山戎的考古探索》，载《林沄学术文集》，北京：中国大百科全书出版社，1998 年。

刘长江、孔昭宸、郎树德：《大地湾遗址农业植物遗存与人类生存的环境探讨》，《中原文物》2004 年第 4 期。

刘昶、方燕明：《河南禹州瓦店遗址出土植物遗存分析》，《南方文物》2010 年第 4 期。

刘国祥：《关于赵宝沟文化的几个问题》，载《东北文物考古论集》，北京：科学出版社，2004 年。

刘国祥：《论红山文化建筑与手工业技术进步》，载《东北文物考古论集》，北京：科学出版社，2004 年。

刘国祥：《兴隆洼文化聚落形态初探》，载《东北文物考古论集》，北京：科学出版社，2004 年。

刘国祥：《赵宝沟文化经济形态及相关问题探讨》，载《东北文物考古论集》，北京：科学出版社，2004 年。

刘国祥、贾笑冰、赵明辉、邵国田：《赤峰兴隆沟遗址发掘可望解决多项学术课题》，《中国文物报》2011 年 11 月 16 日，第 1 版。

刘国祥、贾笑冰、赵明辉、邵国田：《兴隆沟遗址发掘又有重要发现》，《中国文物报》2003 年 1 月 3 日，考古版。

刘晋祥、董新林：《浅论赵宝沟文化的农业经济》，《考古》1996 年第 2 期。

刘莉、陈星灿、刘国祥：《小河西文化生计形态管窥——内蒙古敖汉旗西梁遗址出土磨盘磨棒的残留物和微痕分析》，载中国社会科学院考古研究所编著《新世纪的中国考古学（续）——王仲殊先生九十华诞纪念论文集》，北京：科学出版社，2015 年。

刘世民等：《吉林永吉出土大豆炭化种子的初步鉴定》，《考古》1987 年第 4 期。

刘晓迪：《同位素视野下燕山南北地区先秦时期若干重要时段的农业经济——以姜家梁、水泉、大山前遗址为例》，中国科学院大学硕士学位论文，2016 年。

栾丰实：《试论富河文化的社会经济形态》，《史前研究》1984 年第 4 期。

莫多闻、杨晓燕、王辉、李水城、郭大顺、朱达：《红山文化牛河梁遗址形成的环境背景与人地关系研究》，《第四纪研究》2002 年第 2 期。

内蒙古文物考古研究所、吉林大学边疆考古研究中心：《内蒙古科左中旗哈民忙哈新石器时代遗址 2011 年的发掘》，《考古》2012 年第 7 期。

内蒙古文物考古研究所、科左中旗文物管理所：《内蒙古科左中旗哈民忙哈新石器时代遗址 2010 年发掘简报》，《考古》2012 年第 3 期。

农业研究课题组：《中华文明形成时期的农业经济特点》，载中国社会科学院考古研究所科技考古中心编《科技考古》第三辑，北京：科学出版社，2011 年。

陕西省考古研究所：《陕西卷烟材料厂汉墓发掘简报》，《考古与文物》1997 年第 1 期。

施雅风等：《中国全新世大暖期气候与环境的基本特征》，载《中国全新世大暖期气候与环境》，北京：海洋出版社，1993 年。

施雅风、孔昭宸、王苏民：《中国全新世大暖期的气候波动与重要事件》，《中国科学（B 辑）》1992 年第 12 期。

石兴邦：《下川文化的生态特点与粟作农业的起源》，《考古与文物》2000 年第 4 期。

宋蓉、陈全家：《赤峰地区汉代以前动物遗存初探》，《内蒙古文物考古》2004 年第 2 期。

孙永刚：《西辽河上游地区新石器时代至早期青铜时代植物遗存研究》，内蒙古师范大学博士学位论文，2014 年。

孙永刚、曹建恩、井中伟、赵志军：《魏家窝铺遗址 2009 年度植物浮选结果分析》，《北方文物》2012 年第 1 期。

孙永刚、赵志军：《魏家窝铺红山文化遗址出土植物遗存综合研究》，《农业考古》2013 年第 3 期。

索秀芬、李少兵:《红山文化研究》,《考古学报》2011 年第 3 期。

索秀芬、李少兵:《小河西文化聚落形态》,《内蒙古文物考古》2008 年第 1 期。

塔拉、曹建恩、成璟瑭:《内蒙古赤峰魏家窝铺遗址 2011 年发掘成果》,《中国文物报》2012 年 2 月 10 日,第 4 版。

佟伟华:《磁山遗址的原始农业遗存及其相关的问题》,《农业考古》1984 年第 1 期。

王海玉:《北阡遗址史前生业经济的植物考古学研究》,山东大学硕士学位论文,2012 年。

王克晶:《我国的野生大豆》,《生物学通报》1989 年第 5 期。

王树芝:《木炭碎块分析在考古学研究中的作用》,《中国文物报》2003 年 7 月 11 日,第 6 版。

王树芝、王增林、朱延平:《内蒙古赤峰市大山前第一地点夏家店下层文化的植被和生态气候》,《华夏考古》2004 年第 3 期。

武吉华、郑新生:《中国北方农牧交错带(赤峰市沙区)8000 年来土壤和植被演变初探》,载周廷儒、张兰生等编《中国北方农牧交错带全新世环境演变与预测》,北京:地质出版社,1992 年。

西安市文物保护考古研究院:《西安鱼化寨遗址发掘简报》,《考古与文物》2012 年第 5 期。

夏正楷、邓辉、武弘麟:《内蒙古西拉木伦河流域考古文化演变的地貌背景分析》,《地理学报》2000 年第 3 期。

徐光冀:《富河文化的发现与研究》,载中国社会科学院考古研究所编《新中国的考古发现和研究》,北京:文物出版社,1984 年。

严文明:《东北亚农业的发生与传播》,载《农业发生与文明起源》,北京:科学出版社,2000 年。

杨虎:《敖汉旗榆树山、西梁遗址》,载中国考古学会编《中国考古学年鉴(1989 年)》,北京:文物出版社,1990 年。

杨虎:《试论兴隆洼文化及相关问题》,载《中国考古学研究》编委会编《中国考古学研究——夏鼐先生考古五十年纪念论文集》,北京:文物出版社,1986 年。

杨永兴等:《西辽河平原东部沼泽发育与中全新世早期以来古环境演变》,《地理科学》2001 年第 3 期。

于省吾:《商代的谷类作物》,《东北人民大学人文科学学报》1957 年第 1 期。

袁靖:《中国古代家猪的起源》,载《科技考古文集》,北京:文物出版社,

2009 年。

张光直：《仰韶文化的巫觋资料》，载《中国考古学论文集》，北京：生活·读书·
　新知三联书店，1999 年。

张光直：《中国古代文明的环太平洋的底层》，载《中国考古学论文集》，北京：生
　活·读书·新知三联书店，1999 年。

张宏彦：《关于中国新石器时代考古分期问题》，载文化遗产研究与保护技术教
　育部重点实验室、西北大学文化遗产与考古学研究中心编《西部考古》第四
　辑，西安：三秦出版社，2009 年。

赵宾福：《嫩江流域新石器时代生业方式研究》，载张忠培、许倬云编《新世纪的
　考古学——文化、区位、生态的多元互动》，北京：紫禁城出版社，2006 年。

赵敏：《山东省即墨北阡遗址炭化植物遗存研究》，山东大学硕士学位论文，
　2009 年。

赵敏、陈雪香、高继习、何利：《山东省济南市唐冶遗址浮选结果分析》，《南方文
　物》2008 年第 2 期。

赵志军：《安徽蒙城尉迟寺遗址浮选结果分析报告》，载《植物考古学：理论、方
　法和实践》，北京：科学出版社，2010 年。

赵志军：《从兴隆沟遗址浮选结果谈中国北方旱作农业起源问题》，载南京师范
　大学文博系编《东亚古物（A 卷）》，北京：文物出版社，2004 年。

赵志军：《公元前 2500 年-公元前 1500 年中原地区农业经济研究》，载中国社会
　科学院考古研究所科技考古中心编《科技考古》第二辑，北京：科学出版社，
　2007 年。

赵志军：《广州南越宫苑遗址 1997 年度浮选结果分析报告》，载《植物考古学：
　理论、方法和实践》，北京：科学出版社，2010 年。

赵志军：《河南登封王城岗遗址浮选结果及分析》，载《植物考古学：理论、方法
　和实践》，北京：科学出版社，2010 年。

赵志军：《河南舞阳贾湖遗址浮选结果分析报告》，载《植物考古学：理论、方法
　和实践》，北京：科学出版社，2010 年。

赵志军：《考古出土植物遗存中存在的误差》，载《植物考古学：理论、方法和实
　践》，北京：科学出版社，2010 年。

赵志军：《青海民和喇家遗址尝试性浮选的结果》，载《植物考古学：理论、方法
　和实践》，北京：科学出版社，2010 年。

赵志军：《陕西扶风周原遗址王家嘴地点浮选结果分析报告》，载《植物考古学：
　理论、方法和实践》，北京：科学出版社，2010 年。

赵志军：《探寻中国北方旱作农业起源的新线索》，《中国文物报》2004 年 11 月 12 日，第 7 版。

赵志军：《植物考古学的实验室工作方法》，载《植物考古学：理论、方法和实践》，北京：科学出版社，2010 年。

赵志军：《植物考古学的田野工作方法——浮选法》，载《植物考古学：理论、方法和实践》，北京：科学出版社，2010 年。

赵志军：《中国古代农业的形成过程——浮选出土植物遗存证据》，《第四纪研究》2014 年第 1 期。

中国科学院贵阳地球化学所第四纪孢粉组、^{14}C 组：《辽宁省南部一万年来自然环境的演变》，《中国科学（A 辑）》1977 年第 6 期。

中国社会科学院考古研究所内蒙古第一工作队：《内蒙古赤峰市兴隆沟聚落遗址 2002－2003 年的发掘》，《考古》2004 年第 7 期。

中国社会科学院考古研究所内蒙古工作队：《内蒙古敖汉旗兴隆洼遗址发掘简报》，《考古》1985 年第 10 期。

中国社会科学院考古研究所内蒙古工作队：《内蒙古敖汉旗赵宝沟一号遗址发掘简报》，《考古》1988 年第 1 期。

中国社会科学院考古研究所内蒙古工作队：《内蒙古巴林左旗富河沟门遗址发掘简报》，《考古》1964 年第 1 期。

中国社会科学院考古研究所内蒙古工作队、敖汉旗博物馆：《内蒙古敖汉旗兴隆沟新石器时代遗址调查》，《考古》2000 年第 9 期。

朱永刚：《哈民忙哈遗址经济形态研究：一个居住模式与生态环境悖论的推导》，《边疆考古研究》第 19 辑，北京：科学出版社，2016 年。

朱永刚、吉平：《探索内蒙古科尔沁地区史前文明的重大考古新发现——哈民忙哈遗址发掘的主要收获与学术意义》，《吉林大学社会科学学报》2012 年第 4 期。

［日］滨田耕作、水野清一：《赤峰红山后——热河省赤峰红山后先史遗迹》，《东方考古学丛刊（甲种第 6 册）》，东京：东亚考古学会，1938 年。

［日］冈村秀典：《辽河流域新石器文化的居住形态》，载辽宁省文物考古研究所、中国考古学研究会编《东北亚考古学研究——中日合作研究报告书》，北京：文物出版社，1997 年。

［加］凯利·克劳福德、赵志军等：《山东日照市两城镇遗址龙山文化植物遗存的初步分析》，《考古》2004 年第 9 期。

Dorian Fuller, Emma L. Harvey（2006），"The archaeobotany of Indian Pules：

Identification, Processing and Evidence for Cultivation", *Environmental Archaeology*, (2).

Liu Xinyi, M.K. Jones, Zhao Zhijun, Liu Guoxiang, T.C. O'Connell(2012), "The Earliest Evidence of Millet as a Staple Crop: New Light on Neolithic Foodways in North China", *American Journal of Physical Anthropology*, 149(2).

Tao Dawei (2011), "Starch grain analysis for groundstone tools from Neolithic Baiyinchanghan site: implications for their function in Northeast China", *Journal of Archaeological Science*, (38).

图书在版编目(CIP)数据

辽西地区新石器时代植物考古研究／孙永刚著. ——
上海：上海古籍出版社，2021.11
ISBN 978-7-5732-0043-3

Ⅰ.①辽… Ⅱ.①孙… Ⅲ.①古植物学—考古学—研
究—辽西地区—新石器时代 Ⅳ.①K871.13②Q911.723.1

中国版本图书馆 CIP 数据核字(2021)第 226758 号

辽西地区新石器时代植物考古研究

孙永刚 著

上海古籍出版社出版发行

(上海市闵行区号景路 159 弄 A 座 5F 邮政编码 201101)

(1) 网址：www.guji.com.cn

(2) E-mail: guji1@guji.com.cn

(3) 易文网网址：www.ewen.co

上海惠敦印务科技有限公司印刷

开本 710×1000 1/16 印张 9 插页 2 字数 162,000

2021 年 11 月第 1 版 2021 年 11 月第 1 次印刷

ISBN 978-7-5732-0043-3

K·3034 定价：58.00 元

如有质量问题，请与承印公司联系